WOLFGANG E. EIGENSINN

DIE ARCHIVE DES EIGENSINNS

EINE BESTANDSAUFNAHME

Printed by

PRINTMEDIACOM

www.printmediacom.eu

Kulturinitiative
KLOPFZEICHEN
EDITION
Mitglied
der Basis.Kultur.Wien
Wiener Volksbildungswerk

Basis.
Kultur.
Wien

WIEN KULTUR

bm:uk

KULTUR LAND
OBERÖSTERREICH

1. Auflage / 1000 Stück
im Dezember 2012

Herausgeber: Edition Kulturinitiative Klopfzeichen
www.klopfzeichen.at

Umschlagbilder: Wolfgang E. E. & Christian Schreibmüller

Gestaltung/Layout: G. E. Paschinger

Lektorat: Sara Wipauer, Christian Schreibmüller

Gedruckt in der Europäischen Union,
PRINTMEDIA Com Kft
H-1116 Budapest, Fehérvári út 120–124

Empfohlener Richtpreis € 15,00/CHF 20,00 inkl. 10 % USt

ISBN 978-3-9503114-2-6

INHALT

VORWORT/CREDO

Der Schriftsteller ist, solange nicht vertragsmäßig zu Zeitgeistigkeit
und Schleimerei verpflichtet oder eine erfolgreiche Schiene
bis zum Untergang ausbeutend, ein unberechenbares, scheues,
undurchschaubares Wesen, durch Selbstbefriedigung resistent
gegen die Anmache und Anträge dubioser Personen, die ihn
gerne als Haustier oder als Hofnarren halten würden.
Er ist fähig, unter extremen Umständen zu leben und arbeiten,
im Dreck zu wühlen und darin Material der Poesie zu finden.
Er frönt dem Exzess in wechselnden Abständen zur Enthaltsamkeit.
Er durchstreift die Städte und Länder und richtet
den Blick gegen den Himmel, übersieht aber nicht
die Kleintiere, die den Asphalt bevölkern.
Er ist verdreckt, durch die Wahl seiner Schlafstätte manchmal
verlaust oder verwanzt, verkatert, unrasiert, riechend
– deshalb aber nicht in seiner Würde gemindert.
Er begegnet der Fülle des Lebens mit seiner ganzen Person.
Er begehrt.
Er spricht mit Hunden.
Wie sie kann er Deine Lust, Dein Verlangen oder
Deine Unlust oder Abneigung riechen.
Er ist betört von starken Gerüchen.
Pisst in Mülltonnen.
POST SCRIPTUM: Er ist wie er ist.
Der Schriftsteller behauptet das Anrecht,
kompliziert, kaputt und schwierig zu sein.
Dem Journalisten jedoch obliegt eine gewisse Pflicht der Sorgfalt.

DANKSAGUNG

Herzlicher Dank ergeht an jene Menschen, denen bewusst, dass die künstlerische Arbeit ein lebensnaher Prozess ist und ein geeignetes Arbeitsklima der Qualität selbiger dienlich. In diesem Sinne haben je eine TEXTPATENSCHAFT übernommen bzw. den Autor durch eine finanzielle Zuwendung unterstützt:

Professor MARIO ANDREOTTI (CH)

Friseur Er-Ich (Wien)

Mag.ª Gerlinde Ivenz-Luft (Wien)

Marty McFLY (Wien)

Lothar Trierenberg (Wien)

Gilbert Medwed (Sooß)

Die Kosten für Druck, Layout und Lektorat werden großteils abgedeckt durch die mit Schaltung ihrer Logos hervorgehobenen subventionierenden Stellen.

AUS DEM
„EIGENSINN-LESEBUCH“
&
NEUE SHORT STORIES

WAS ICH DIR ÜBER DEINE MUTTER ERZÄHLEN MÖCHTE ...

Ein Brief, der Dein Leben ändern hätte können, Dich aber nicht mehr rechtzeitig erreicht hat.

Alles sagen können ...

Natürlich war ich bei Deiner Geburt dabei.
Bis zu diesem wunderbaren Ereignis hatten wir ganz schön schräge Zeiten hinter uns gebracht. Die Monate zwischen Wien, Amsterdam und Barcelona, zum Beispiel.
Unsere Hippie-Hochzeit. Den Umzug in die Wohnung in der P-Gasse. Dort hast Du Deine ersten Lebensmonate, Dein erstes Lebensjahr hinter Dich gebracht, dort waren wir recht glücklich. Du hast Dich in diesem Umfeld auch ziemlich gut gefühlt, lebenshungrig wie Du warst.
Es war auch immer was los.
Ich glaube, schlimm und stressig ist es für Dich geworden, als sie mich ins Gefängnis steckten und Deine Mutter sich mit ihrem Elternhaus und ihren Geschwistern überwarf, da sie nicht schon wieder nach deren Pfeife tanzen wollte. Sie zog mit Dir durch die Kurstadt, nächtigte an verschiedensten Adressen und nahm sogar Arbeit an, wo es sie nicht lange hielt. Zum Glück kümmerten sich einige meiner Freundinnen ganz gut um Dich. An dem Tag, als sie mit einem ihrer rasch wechselnden Liebhaber im Elternhaus wertvollen Schmuck stahl, wurde sie vor die Wahl gestellt, entweder vor den Richter zu müssen oder freiwillig ins Psychiatrische Krankenhaus Linz zu gehen und dort in Therapie, Dich unter die Vormundschaft ihrer Schwester zu stellen. So bist Du mit Halbgeschwistern aufgewachsen, in einem kinderreichen Haushalt. Für mich war es ab diesem Zeitpunkt recht schwierig, an Dich heranzukommen.
Es bleibt nicht viel Zeit, daher werde ich Dir die Geschichte möglichst gerafft, sehr dicht, vermitteln. Ich denke, es wird noch immer schwierig werden, die gekürzte Fassung an Dich weiterzugeben, da Deine Aufmerksamkeit vor allem für das Überleben in einer neuen Situation, in der Großstadt, nötig ist. Zu dem wirst Du vielleicht denken: „Was will der alte Knilch mir da erzählen? Kommt ja nicht einmal mit seinem eigenen Leben zurecht, schlägt sich mit seiner Abhängigkeit herum und will mich belehren!“
Einen Versuch jedoch werde ich unternehmen.

Kontakt

Unsere erste Begegnung verlief so: ich, vom Bahnhof, vielleicht auch aus dem dort gerne frequentierten Lokal kommend, auf der einen Seite des Flusses, gerade einmal mit einem Fuß auf der Brücke, auf der anderen Seite ein seltsames Gespann, die absolute Lachnummer, andererseits ein brutaler Schlag ins Gesicht des in dieser bescheuerten Kleinstadt herrschenden kaiserlich-konservativen Klimas, fast ebenso hart wie die nächtliche Aktion, den Kaiser Franz Joseph mit Magritte-Himmel zu bemalen, eine herbe Parodie *auf* und eine Beleidigung *für* die Hippiebewegung.

Deine Mutter mit einem himmelblauen Kleid, Modeschmuck, Tüchern und Schals behängt, schlank, groß, grüne Augen und feuerrote Haare. Ihr Begleiter, komplett beim erstbesten Jahrmarktfahrer eingekleidet, der Steine, Stoffe, Räucherwerk und Kleidung aus Indien importiert, sie einen Kopf überragend, spindeldürr mit langen Gliedmaßen, an eine Spinne erinnernd, und fettigem, langem, schwarzem Haar, dazu einen Salvatore-Dali-Zwirbelbart. Die beiden steuerten in Zeitlupe auf mich zu.

Aus ihrem „Narrenkäfig" – einem winzigen Zimmer, welches sie im Haus ihrer Eltern bewohnten – aufgebrochen, um sich bei den ihnen einzig bekannten Typen im Gebiet einen ein- oder zwei Monatsvorrat Dope zu kaufen, da Juan, so einer seiner vier Vornamen, der Einbildung aufsaß, diesen unbedingt zum Malen zu brauchen, und Deine Mutter, um ihre Eltern zu ärgern. Ich erfuhr das in einem ersten Wortwechsel, den wir noch in einem Respektabstand führten.

Auch ich reichlich schräg unterwegs, an beiden Unterarmen dicke Verbände, die noch von meinem versuchten Suizid herrührten, den die Ärzte nicht sonderlich ernst nahmen, meinen Magen vom Alkohol und den eingeworfenen Tabletten leerten, noch die Wunden verbanden und mich nach Hause schickten. Es ging alles sehr schnell. Eingangs übersetzte Deine Mutter ihm noch Wort für Wort des Gesprächs, was ihr langsam lästig wurde, wobei sie auch die eingeflochtenen Komplimente nicht preisgeben wollte und dann immer weniger, bis das Gespräch eigentlich nur noch zwischen uns lief.

Er fing an zu quengeln, wodurch er sich ihren Zorn und ihre Verachtung zuzog. Ziemlich schnell stellte sich heraus, dass sie ihn in Barcelona kennengelernt und hierher mitgebracht, jetzt schon satt und über hatte, schließlich klebten sie tagtäglich in ihrem Elternhaus auf engstem Raum zusammen.

Er, Student der Bildenden Kunst, malte seine fantastischen Bilder im Zustand des Rausches, welcher durch psychoaktive Substanzen herbeigeführt wurde, experimentierte mit Heroin, Koks, LSD, Psilocybin und Atropin, dem halluzinogenen Inhaltsstoff der Tollkirsche. Zu dieser Zeit war mir einzig und allein der Stoff ein Begriff, nach dem die beiden suchten. Ich bot meine Hilfe an, falls sie bei „Doppel-D" nicht erfolgreich sein sollten, und zu dritt zogen wir weiter.

Am selben Abend noch kam Deine Mutter mit auf meine Bude in der Grazer Straße. Sie blieb die ganze Nacht bei mir, und am Morgen gingen wir zu ihrem Elternhaus, um dort zu frühstücken. Ihre Eltern waren nicht erfreut über meine Anwesenheit und noch weniger, dass sich ihre Tochter in mich verknallt hatte.

Juan hatte mittlerweile genug Rausch erzeugende Substanzen genascht, er empfing uns relativ unvoreingenommen und freundlich.

Wien und weiter

Ich beriet mit Deiner Mutter, noch am selben Abend brachen wir auf in die Steiermark, wo ihre Eltern ein Grundstück und ein Haus besaßen und Deine Mutter die Schlüssel dazu.

Sie fuhren uns nach, es kam zu einem heftigen Streit, wir zogen weiter nach Wien. Auch dort gab es, in der Barawitzkagasse, eine Eigentumswohnung, die ihre Geschwister während des Studiums bewohnt hatten, und wo wir eine schöne, intime Woche verbrachten, ehe man uns wieder aufspürte, zur Vernunft bewegen wollte. Der schwer deprimierte, aber mit genügend Rauschmitteln weichgekochte, hinten angestellte „Latin-Lover" fügte sich in sein Schicksal und gab Deiner Mutter von einem gemeinsamen Sparbuch eine ordentliche Summe, noch dazu bekamen wir bei einem privaten Geldinstitut im achten Bezirk, da Deine Mutter nach drei Versuchen das Passwort erriet, noch einen ziemlichen Batzen Bargeld.

Damit setzten wir uns in den Nachtzug nach Amsterdam.

Hat sie Dir eigentlich je erzählt, dass Du vermutlich am „Wu-Wei-Boat" der Bhagwan-People in Amsterdam gezeugt wurdest, wo wir, noch mit genügend Reisebudget ausgestattet, den „Lovers-Room" angemietet hatten, in den wir jeden Abend, nach ausgedehnten Streifzügen durch die verschiedensten Viertel Amsterdams, zurückkehrten, meist stoned bis unter die Schädeldecke?

Als das Geld dann zu Ende ging, sah ich es als selbstverständlich an, für meine erwählte Frau zu sorgen, was bei ihren Ansprüchen nicht leicht war. Wir wollten beide nicht nach Österreich zurück – auch, weil ich nebenbei gesteckt bekommen hatte, die Heeres-Polizei habe mich auf Grund meines Nicht-Erscheinens in der Kaserne gesucht. So zogen wir weiter nach Belgien, schlichen uns irgendwann in einen Schnellzug nach Paris, wo es auch nicht leicht war, zu leben, vor allem, weil mein Französisch ein fast nicht vorhandenes war, immer weiter zogen wir gegen Süden. Deine Mutter hatte den Vorschlag gemacht, wir sollten uns nach Barcelona durchschlagen. Die Situation zwischen uns war, durch den täglichen Überlebenskampf, der auch den Körperkontakt, die Zärtlichkeit, auf ein Minimum reduzierte, ziemlich angespannt. Zudem waren die Anforderungen, die Deine Mutter stellte, ziemlich hoch – und ich lief Gefahr, in eine gröbere kriminelle Handlung hineinzuschlittern.

Eigentlich waren wir ständig daran, weiterzuziehen, ich weiß nicht, ob wir nicht auch ständig auf der Flucht vor uns selber waren. Als wir mit unseren Kräften absolut am Ende waren, baten wir in einer Jugendherberge um Aufnahme und um ein paar Tage Zeit, Geld aus Österreich zu organisieren. Ihre Familie schickte, in der Hoffnung, dass die Tochter sich besinnen und zu ihnen zurückkehren würde, ein paar tausend Schillinge, die aber für die Bezahlung der Nächtigungen und der Verpflegung verwendet wurden, der Rest, um bis an die französisch-spanische Grenze zu gelangen. Endlich in Port Bou, nach einigen Schwierigkeiten beim Grenzübertritt, angelangt, zogen wir nach einer Nacht auf dem Dach einer Hazienda in den Pyrenäen, welche ein Treffpunkt war für alternativ Reisende aus aller Welt, weiter in den Geburtsort Dalis. Dort lieferte ich einen Schelmenstreich ohne gleichen, schlich mich in eine Strandparty ein, griff mir zwei Tabletts vom Buffet und einen Fünf-Liter-Krug Sangria, um Deine Mutter zu laben. Als ich dort ankam, wo ich sie warten geheißen hatte, war sie weg und blieb es auch für den Rest der Nacht. Ich bekam keine Antwort auf die Frage nach ihrem Verbleib.

In Barcelona lebten wir an die drei Monate in billigen Quartieren, die ich bezahlte, von einem Tag zum anderen. Ich lernte, weil zum Überleben notwendig, in Rekordzeit ein recht passables Spanisch, vermittelte die Touristen der Rambla de Catalunya an die Haschisch-Verkäufer, bekam meine Provision. Deine Mutter lebte zwar von meinem Geld, betrog mich dann aber so lange, bis sie reumütig zurückkam und eröffnete, dass sie von mir schwanger sei.

Letztendlich wurde sie – ob es der Wahrheit entspricht oder nicht, kann ich nicht sagen – in einer Seitengasse unserer Pension überfallen, ihre Tasche mit unseren Pässen gestohlen, und da sie ein Kind von mir erwarte, ließ ich mich darauf ein, nach Österreich zurückzukehren und mit ihr in ihrem Elternhaus die fröhliche Nachricht zu verkünden. Ihre Familie schickte Geld, wir kauften zwei Zugtickets nach Salzburg, konnten uns noch einen schönen Tag in Barcelona machen, und dann ging es den langen Weg über die Schweiz nach Salzburg, von dort mit dem Bus nach Bad Ischl. Kaum bei ihr zuhause angelangt, wurden wir herzlich und voller Aufregung empfangen, kein Wort mehr, dass ich unerwünscht sei, kein heimliches Gespräch mehr mit ihrem Vater, der mir einst fünfzigtausend Schilling, damals eine ganz nette Summe, angeboten hatte, wenn ich verschwinde. Diese Leute glaubten, mit Geld seien alle Probleme zu lösen oder Menschen zu Handlungen gegen ihren Willen zu bewegen, ähnlich meiner Familie, die aber bei weitem nicht die finanziellen Möglichkeiten besaß. Nachdem wir uns ordentlich gestärkt hatten, fuhren wir umgehend in die Ordination ihres Vaters, um ihren Zustand zu bestätigen. Du warst schon ein drei Monate alter Embryo und im Ultraschall ganz gut zu erkennen.

Die allgemeine Hochstimmung wurde nur kurzfristig dadurch getrübt, dass Juan einen Zusammenbruch erlitt, weil die Schwangerschaft Deiner Mutter so etwas wie die endgültige Verbannung für ihn bedeutete.

Er hatte aber nicht das Rückgrat, zu verschwinden, stahl uns Platz und Zweisamkeit und kostete jede Menge Nerven, da niemand mehr wirklich Verwendung für ihn hatte, er nur lästiges Beiwerk war. Die Situation wurde so gelöst, dass uns ihr Vater eine Wohnung in der P-Gasse, praktisch, gleich neben seiner Ordination, und fast gegenüber von ihrem jüngsten Bruder, zur Verfügung stellte. Juan durfte bei den Eltern Deiner Mutter wohnen bleiben, verblödete immer mehr und verkam zum anstrengenden Hausgespenst.

Böse Erinnerungen

Die Sache mit meiner Verhaftung habe ich Deiner Mutter lange nicht verzeihen können. Man soll den Toten zwar nichts Übles nachsagen, aber die Dummheit, die sie bei dieser Geschichte an den Tag legte, schlägt alle ihre chaotischen Anwandlungen von davor. Nach dreieinhalb Stunden, in denen ich mich mit einer Aussage zurückhielt, von nichts anderem erzählte, als von dem, was die zwei Zivilbeamten ohnedies wussten, holten sie Deine Mutter und Dich und drohten ihr, sie würden Dich ihr wegnehmen. Anstatt dass sie den Schnüfflern den Stinkefinger zeigte und ihnen klar machte, sie würden dies nie und nimmer zustande bringen, da ihre Familie genug Ansehen und Macht in der Kurstadt hatte, legte sie ein detailliertes Lebensgeständnis ab und verriet, als kleine Draufgabe, so an die sechzig Personen aus der Szene. Es hätte durchaus genügt, wenn sie verlautbart hätte, ich sei ihr Mann und gegen den musste und wollte sie nicht aussagen. Sie wäre nach dem Gesetz im Recht gewesen und somit die Befragung hinfällig, aber sie zog es vor, den taktischen Zug nicht zu durchschauen und mich für längere Zeit in den Knast zu verfrachten. Von der Flut an Anzeigen und Verhandlungen am Bezirksgericht gegen unsere ehemaligen Freunde und Bekannten will ich jetzt nicht mehr reden.

Wir lebten zu dieser Zeit bereits getrennt. Sie war mit Dir zu ihren Eltern abgedampft, typisch für sie, weil sie sich nicht mit den Vorwürfen konfrontieren wollte, die ich ihr machte. Denn diese mischten sich ganz ungeniert in unser Leben ein, in der ungerechtfertigten Annahme, wir würden es nicht auf die Reihe kriegen.

Zwischenspiel

Ich lebte mit meiner um einiges jüngeren Freundin in der P-Gasse. Das Leben gefiel mir. Die langweilige, anstrengende und einengende Beziehung zu Deiner Mutter wurde ersetzt durch Besuch von früh bis spät, stundenlange Diskussionen, kleinere und gröbere Exzesse, spontane Performances und freizügige Begegnungen mit Mädchen und Frauen. Ich war Deiner Mutter so lange treu und ergeben gewesen, sie hatte es mit diversen Liebschaften quittiert, mich mehr als einmal hintergangen. Zudem änderte sich unter der philosophischen Unterweisung, die mir einige meiner früheren Schulkollegen angedeihen ließen, meine Einstellung zu Ehe und Monogamie.

Du brauchst nicht zu glauben, dass ich anderen Frauen nachstellte. An sich hatte ich Deine Mutter enorm gern und sie gefiel mir auch sehr gut.

Sie war es, die mich in Barcelona einfach links liegen ließ und mit einem Angeber davon zog. Nach über drei Monaten, die wir im Hostal PALERMO und in einer netten, sauberen Pension in einer Seitengasse zum PLAZA REAL zugebracht hatten. Ich war der Idiot, der Tag für Tag das Geld dafür zusammenkratzte, mit allen möglichen legalen, auch illegalen Aktionen. Sie zog mit einem braungebrannten, blonden, muskulösen Hirnamputierten, der sich meiner Meinung nach von reichen, älteren Männern ficken ließ, davon, betrog mich, erst heimlich, dann bei offenen Fenstern genau auf der gegenüberliegenden Seite des vierkantigen Gebäudes des Hostals, über dessen Innenhof hinweg ihre Geilheit herausschreiend.

Eines späten Nachmittags kam sie zu mir zurück und eröffnete mir, dass sie schwanger sei. All mein Zorn und mein Schmerz über ihr Verhalten war wie weggeblasen, alles vergeben, aber schwer zu vergessen oder zu verdrängen. Eine vollkommen neue Situation tat sich auf.

Scheidung

Eines Tages, es waren schon neun Zehntel der mir auferlegten Gefängnisstrafe abgebüßt, wurde mir mitgeteilt, ich solle mich für eine „Ausführung“ bereit machen. Ich durfte zum ersten Mal seit langer Zeit wieder mein eigenes Gewand tragen. Mit einem kleinen Umweg über die Steiermark, wo ich bei einer Verhandlung aussagen sollte, was sich aber als Reinfall erwies, da ich verweigerte, wurde ich ins Bezirksgericht in Bad Ischl verfrachtet. Wir standen vor Richter Leinsamer, dessen jüngerer Sohn mit mir ins Gymnasium gegangen war, und der die Sympathie mir gegenüber hinten anhalten musste, war doch auf der Seite meiner Frau der Familienanwalt, ein Mann mit Erfahrung und Namen. Das Beste, was dabei herauskam, war eine Trennung im Einvernehmen, ohne Ansprüche an den ehemaligen Partner bezüglich Unterhalt stellen zu dürfen. An die Details kann ich mich wirklich nicht mehr erinnern, lediglich, dass mir für Dich Besuchsrecht eingeräumt wurde, was sowohl meine Mutter und die Schwester Deiner Mutter, später Deine Erziehungsberechtigte, geschickt hintertrieben und mir es mir fast unmöglich machten, in Deiner Nähe zu sein. Immer, wenn ich angekündigt kam, wurdest Du auf einer Alm oder sonstwo versteckt und von mir ferngehalten.

Schwemmgut & Kieselsteine

Das nächste Mal traf ich Dich dann beim HOLZSTOCK-Musikfestival. Ich stand dort vor dem Schranken, der die Zufahrt zum Segelhafen versperrte und an diesem besonderen Wochenende die anstürmenden Massen Jugendlicher aus dem gesamten Salzkammergut und den angrenzenden Bundesländern so weit im Zaum hielt, dass sie sich ordentlich in einer Reihe anstellten, um eine Tageskarte oder den Festivalpass zu lösen. Ich hielt Ausschau nach Bekannten und Freunden von früher, bei denen ich mir das notwendige Eintrittsgeld erbitten wollte. Sie kam, Dich hinter sich her schleifend, erblickte mich und steuerte auf mich zu. Als ihr klar wurde, dass ich völlig pleite danach trachtete, auch in den Genuss der Veranstaltung zu kommen, öffnete sie ihre Geldbörse, zählte drei Tausender heraus und mir in die Hand und fragte, ob das denn genug sei. Es war mehr als das, davon konnten

beinahe zehn Leute den Eintritt für das gesamte Konzertwochenende berappen. Ich bekam daher den Auftrag aufzupassen, wenn sie sich frei bewegen wollte. Wenn möglich ein Stück Dope zu besorgen und dieses mit ihr zu teilen. Wir machten uns einen Treffpunkt aus, den wir alle zwei Stunden aufsuchen wollten, um die weitere Vorgehensweise zu besprechen. Ich informierte Deine Mutter noch, dass ich bei den Großeltern nächtigte, dort würde man sich auf jeden Fall sonntagmittags treffen. An diesem Tag habe ich euch ein, zweimal nur kurz, dann nicht mehr angetroffen, dafür dann Gundulas Bruder, der auf einer Kuhweide Psilocybin-Pilze gesammelt hatte, säckeweise, und mir eine Tabakpackung voll davon schenkte. Zu dem bekam ich, nach einigem Anfragen, relativ günstig ein gutes Stück schwarzen Afghanen, eine schwere, ölige Sorte. Dieses nahm ich in Verwahrung, bis ich Deine Mutter wiedersehen würde.
Dann ging ich das Gelände ab, sah mich nach Bekannten um, naschte immer wieder einmal an den leicht süßlich, wohl schmeckenden Schwämmen und begab mich letztendlich in das Festivalzelt, wo die Vorgruppen ihre Arbeit getan hatten und die in alternativen Gefilden beheimateten Bands mit guten Namen diese ablösten.
Im hinteren Zeltbereich befanden sich eine Schank und mehrere Grillroste, auf denen Würste und Steckerlfische über glühender Kohle brieten. Ich bestellte mir Mineralwasser und Fisch, der mir, auch im aufkeimenden Rausch des Psilocybins, so sehr schmeckte, dass diesem noch mehrere folgten. Dazwischen leerte ich mehrere große Becher Mineral.
Die Band, die in dieser Zeit auf der Bühne einen heftigen Industrial, mit einem peitschenden Beat und jaulenden Gitarren gepaart, performt hatte, spielte noch eine Zugabe.
Ich bahnte mir einen Weg durch die Menschenmenge, bis zwanzig, dreißig Meter vor die Bühne, schüttelte mich noch zu den letzten Takten und wartete gespannt auf den Auftritt, des von mir und hier im Ort hochverehrten und gerne gesehenen, leider mittlerweile auch von uns gegangenen NIKKI SUDDEN.
Jubel brandete auf, als er den ersten Akkord anstimmte, noch einmal kurz Blickkontakt mit den Kollegen an Bass, zweiter Gitarre und Schlagzeug aufnahm und loslegte.
Ich fiel hinein in eine Welle aus Wohlgefühl und einzelnen und zusammengefügten Tönen, Rhythmen, Empfindungen. Entfaltete meinen Körper, wurde zu einem Gefäß. Schweiß rann in Strömen, aber nicht unangenehm, an mir hinunter. Ich versprühte Laune und Nass. Konzen-

trierte meine ganze Aufmerksamkeit auf den Frontmann, der meinen intensiv betriebenen Versuch der Kontaktaufnahme zu spüren schien, den Kopf leicht anhob, bis sich unsere Blicke trafen. In diesem Moment entlud sich die Spannung zwischen begeistertem Zuhörer und derart sich verstanden und wahrgenommen fühlendem Musiker in einem blauen Blitz, der sekundenlang eine Verbindungslinie zwischen zwei wohl sehr intuitiv und stark empfindenden Menschen bildete.
Nikki drehte mir und dem Publikum daraufhin den Rücken zu und erging sich in einem exzessiven Solo. Die Menge tobte, das Festival hatte den ersten seiner Höhepunkte erreicht.
Nachher war ich zu beeindruckt und derart ausgelaugt, dass ich beschloss, mich aufzumachen in das großelterliche Haus, wo ich im Gästezimmer nächtigen durfte. Ich versuchte, möglichst leise zu sein, aber die Großmutter, die vielleicht auf mich gewartet, vielleicht einen seichten Schlaf hatte, kam noch kurz aus dem Schlafzimmer, registrierte meinen Ausnahmezustand und meine Erschöpfung, stellte neben ein paar wenigen, gutgemeinten Fragen, ein belegtes Brot und eine Flasche Bier auf den Küchentisch, wünschte mir eine gute Nacht und ging wieder zu Bett, was ich kurz darauf auch tat. Am Sonntag kam mich niemand wecken, so wachte ich erst mittags auf, aß mit den Großeltern und setzte mich mit einer großen Tasse Kaffee in den Garten, wo ich zu diesem einige Zigaretten rauchte und auf Dich und Deine Mutter wartete. Ihr seid irgendwann gegen drei Uhr nachmittags angetanzt, schließlich habt ihr die Anfahrt mit dem Zug, die etwa eine halbe Stunde dauerte, in Kauf nehmen müssen. Du wolltest auf keinen Fall bei Deinen Urgroßeltern bleiben. So einigten wir uns darauf – da an diesem Tag nur wenige Bands spielten, die uns überdurchschnittlich gut gefielen –, dass Du mitkommen solltest und wir eine Art Familiennachmittag absolvieren wollten, was Dir sicher gut tun würde. Deine Mutter und ich verstanden sich an diesem Tag besser als in allen Tage unserer Ehe, wir brauchten uns nichts vorzumachen, es war klar, dass sich spätestens am nächsten Tag unsere Wege wieder trennen würden, jeder sein eigenes Leben klarmachen musste, aber DU das warst, was uns immer verbinden würde. Dementsprechend fühltest Du Dich wohl, unbeschwert und verhieltst Dich in zurückhaltender Neugier, fröhlich und unkompliziert.
Am Festivalgelände blieben wir die meiste Zeit zusammen. Wenn einer von uns Erwachsenen eine Runde drehen, nach Bekannten und Freunden Ausschau halten oder kurz einmal auf die Tanzfläche vor der Bühne, die

Lautsprechertürme wollte, nahm der andere Dich in Obhut. Recht früh fand dann der Auftritt von BECK statt, den ich unbedingt noch hatte hören wollen, danach setzten wir uns ein wenig abseits am Ufer eines Nebenarmes der Traun nieder und rauchten einen Joint. Die Ruhe, die Abendstimmung, die Nähe, all das tat uns gut. Deine Mutter rückte näher an mich heran. Wir küssten uns, erst schüchtern, dann wild und begierig. Wir wollten einander, wollten einander mehr als je zuvor. Da wir Deine leiblichen, Dich jeder in seiner Art liebenden Eltern waren und Dir auch nichts verbergen wollten, sahen wir kein Problem darin, dass Du um uns warst, während wir unserem Verlangen freien Lauf ließen. Aber hier war nicht der geeignete Ort, da sich mittlerweile immer mehr Gäste des Ufers bemächtigten, Lagerfeuer machten, tranken, sangen oder nur abhingen. So zogen wir Hand in Hand, Dich in unsere Mitte nehmend, ab, einen Platz zu finden, wo uns keiner störte. Ich hatte meine gesamte Kindheit in dieser Gegend verbracht, kannte Schleichwege und schwer einsehbare Stellen und führte euch über Uferwege bis zur Schotterinsel, die einen Teil des sich teilenden Flussdeltas bildete.
Hier lagerten wir und setzten die zuvor begonnenen Liebkosungen fort, baten Dich, doch ein wenig nach tollen Steinen und Schwemmholz Ausschau zu halten, aber nicht zu nahe an den Fluss zu gehen, rissen uns das Gewand vom Leib und ergingen uns in heftiger, intensiver körperlicher Liebe.
Die harte Liegestatt, die rund gewaschenen Steine und Kiesel kümmerten uns reichlich wenig, so sehr vertieft waren wir in unser Treiben. Dass Du der Anhäufung von Steinen bald leid sein würdest, hatten wir nicht bedacht. Als wir gerade sehr wild an die Sache gingen und Deine Mutter aufstöhnte, spürte ich plötzlich Deine Kinderhand, die meine langes Haar gefasst hatte und heftig daran riss, da Du glaubtest, ich täte Deiner Mutter weh. Es dauerte eine Weile, bis wir das Missverständnis geklärt hatten und Du wieder beruhigt abzogst. Dann brachten wir das Begonnene zu Ende, riefen Dich zu uns und blieben noch eine Weile erschöpft liegen. Es war spät geworden und Dein Quengeln bewegte uns schließlich zum Aufbruch. Ich habe Dich und Deine Mutter noch zum Bahnhof gebracht und Euch zum Abschied gewunken. Zwei Tage später fuhr ich, mit einer prall gepackten Reisetasche und ein paar Tausendern in der Geldtasche, die Abbitte meiner Großeltern, die sich so vermeintlich ihren häuslichen Frieden erkauften, im Besitz einer regulären Zugfahrkarte, in ein mich nicht erwartendes Wien.

Ein Hinweis ...

Tochter, lies diese Worte bitte aufmerksam, auch wenn Du eher geneigt bist, auf Deinen Wegen zu wandeln, Dein Leben nach Deiner Vorstellung gestaltest und keinen guten Rat annehmen willst. Ich möchte nur, dass Dir klar ist, auch wenn ich in den wichtigsten Abschnitten Deines Lebens nicht greifbar, verfügbar war, dies nicht der Wirklichkeit entspricht. Ich hätte Dich zu jeder Zeit mit offenen Armen aufgenommen, Dich akzeptiert, wie Du bist. Wenn ich versuchen sollte, Dich zu beeinflussen, dann nur in guter Manier, in einer Art, aus meiner Erfahrung Dir einige schmerzende Gefühlsverwirrungen zu ersparen. Du hättest von mir, ein Beispiel, was den Konsum von Rauschmitteln betrifft, keine Vorwürfe gehört oder gar Verbote hinnehmen müssen, die Du sowieso nie einhalten könntest, da unsere Gesellschaft jede kleine Gefühlsschwankung mit pharmazeutischen Mitteln auszupendeln trachtet. Weil sie es ist, welche bestimmt, welcher Rausch gesellschaftsfähig ist und welcher verboten. Barer Unsinn. Ich möchte Dir mit diesen vielen aneinander gereihten Gedanken und Bildern einen Teil Deiner eigenen Geschichte vermitteln. Nimm es mir nicht übel und zur Kenntnis.

Es ist ja nicht so, dass mein eigens Leben in einem Rahmen abläuft, der als geregelt oder den gesellschaftlichen Ansprüchen entsprechend gilt. Darum lebe ich von Tag zu Tag und gewissen Spannungen ausgesetzt, mit denen nicht jeder einen derart verträglichen Umgang hat. Ich habe genug Freunde verloren, da sie die Stärke ihres Beruhigungsmittels nicht einschätzen konnten oder eine genehme Dosierung. Aber das ist hier zwischen uns auch nicht so wichtig. Ich hätte gerne, dass Du mich Dich wieder einmal sehen und an Deiner Welt teilhaben lässt. Ich kann Dich sicher nicht mit materiellen Mitteln unterstützen, es reicht nicht immer für mich und meine Hunde, aber die haben immer einen Platz, wo sie auf sauberen Decken liegen können, ihr Futter, ihren Auslauf, Spiel, Zuwendung. Ich raufe mich, auf Grund meiner eigenen Unzulänglichkeiten mal besser, mal schlechter durchs Leben. Doch aufgegeben habe ich mich noch lange nicht.

So weit weg ...

Danach sah ich Dich wieder im Alter von sechs Jahren, als Deine Mutter Dich nach Wien mitschleppte, zu ihrem neuen, extrem eifersüchtigen Freund, mit diesem überfordert Dich mir anvertraute, was mich ungemein erfreute und uns eine gemeinsame Woche in Wien bescherte, an die Du Dich mit etwas Anstrengung vielleicht noch streckenweise erinnern kannst.

Nachdem sie Dich dann wieder zurück holte, muss Dir irgendetwas widerfahren sein, wovon ich keine Ahnung habe. Da Deine Mutter praktischerweise die Verantwortung auf mich abschob, gab es wieder eine längere Kontaktsperre.

Das nächste Mal im Rahmen eines großen Familientreffens unter den wachsamen und überempfindlichen Augen meiner Großeltern, meiner Mutter und deren bescheuerten Lebenspartner, einem Bonzen mit Automatik-Mercedes, welchen ich abgrundtief unangenehm und unpassend empfand, so, wie die Frage meiner Mutter an Dich, ob Du in dieser Nacht wieder bei ihnen im Bett schlafen würdest. Ich glaubte nicht richtig zu hören und wollte schon explodieren, konnte mir aber dann doch nicht vorstellen, dass meine Mutter eine sexuelle Annäherung ihres Teilzeitpartners zuließ, und beruhigte mich wieder. Ein leichter Zweifel ist mir dennoch über all die Jahre geblieben, ich habe mich zwischenzeitlich genug über mich selbst geärgert, damals mein Maul nicht aufgetan zu haben.

Dann, ziemlich genau zehn Jahre darauf, fand ich eine Postkarte von Dir in meinem Postfach, die Adresse hast Du wohl von meiner Großmutter bekommen, die immer noch ihr Bestes tat, die verbleibenden Personen der Familie einander näher zu bringen, zur Aussprache und zur Versöhnung zu bewegen, einander zu verzeihen. Es stand nicht viel darauf, nur Deine Wohnadresse in Linz und eine Telefonnummer, die Bitte, wenn mich Deine Nachricht erreichte, Kontakt aufzunehmen.

Zu einem früheren Zeitpunkt hätte ich es ohnedies vorgezogen, im Erdboden zu versinken anstatt Dir gegenüberzutreten. Ich war enttäuscht, frustriert und kurz davor, mich aufzugeben.

Das wichtigste war die nächste Dosis, die mir zumindest vorgaukelte, ein erträgliches Dasein zu führen.

Vergammelt, abgefuckt, obdachlos.

Eine Entwicklung ...

Führe Dir doch einmal Folgendes vor Augen: ich war schwer abhängig, gesellschaftlich bemitleidet über inakzeptabel bis geächtet, gerade mal mit den überlebensnotwendigen (obwohl, wer bestimmt, wie viel Geld ein Mensch zum Leben nach seiner Art und Vorstellung braucht?), von irgendwelchen Bürokraten ohne Weit-, Durch- und Überblick ausgerechneten Mitteln ausgestattet, lebte zeitweise bei Bekannten, in Wohngemeinschaften, auf der Straße, in Männerheimen, bis ich einmal, mit etwas Glück und Dank glücklich zusammentreffender Umstände eine winzige, eigene Wohnung mit Ausblick auf eine Feuermauer bekam. Ich begehrte auf, bekundete Missfallen und wurde mit einer zehn Quadratmeter größeren Bleibe gelockt, die die ersten Jahre auch ganz dienlich war, dann aber immer unerträglicher, mich hochgradig depressiv stimmend, einfach nicht mehr als für mich passend empfunden wurde.

Heute lebe ich in einer leidlich angenehmen Dachgeschosswohnung in einem als nobel geltenden Wiener Gemeindebezirk, mit Ausblick auf die Hügel des Wienerwalds, nahe an der Natur … ().

Ich gehe jetzt auf die fünfzig zu und würde nie auf den Gedanken kommen, dass ich zu alt für etwas bin. Aus eigenen Erlebnissen und Beobachtungen weiß ich, dass – wenn ein junger Mensch eine komplizierte und indifferente Entwicklung gerade in so wichtigen Entwicklungsphasen wie in der Pubertät und der Adoleszenz durchgemacht hat hat – dieses Alter ein gutes ist, um dem Leben eine neue Wendung zu geben.

Eine harte Strafe

Von Deiner Mutter hörte ich über ein paar gemeinsame Bekannte ab und an ein paar Bemerkungen, die nicht gerade für sie sprachen, dann wieder länger nichts. Bis eines Tages Deine Freundin aus Kindheitstagen in meinem damaligen Lieblingslokal auftauchte und mich mit der Aussage konfrontierte, Deine Mutter sei aus dem vierten Stock der Wohnung in der Czerningasse gesprungen, am Beton im Innenhof aufgeschlagen und schwerst verletzt in die Unfallchirurgie verfrachtet worden.

Später von der Zeit ihrer Rekonvaleszenz. Sie würde jedoch für immer an den Rollstuhl gefesselt bleiben, was ich anzuzweifeln wage, mit ein wenig mehr Selbstkontrolle – das ist keine medizinische Aussage sondern eine Vermutung – hätte sie diesen nicht mehr gebraucht.

Als ich eines Tages wieder einmal bei meinen Großeltern eincheckte und mich für ein Wochenende vom ewigen Überlebenskampf in Wien erholte, gab mir Großmutter ihre Adresse.

Ich brauchte eine Zeit lang, bis ich genug Mut sammelte, um ihr einen Besuch abzustatten. Mit finanzieller Hilfe von Seiten ihrer Mutter und praktischem Beistand ihrer Geschwister hatte sie sich ganz toll in einer von der Gemeinde zur Verfügung gestellten, behindertengerechten Wohnung eingerichtet.

Wir verbrachten einen recht netten Nachmittag gemeinsam, an dem wir über viele Sachen ehrlich sprachen, die wir während unserer Beziehung verdrängt oder hinten angestellt hatten, das tat uns beiden gut. Sie hatte sich mittlerweile mit den Einschränkungen, Folgen des Sprungs aus dem Fenster in der Czerningasse im vierten Stock, mit Hilfe einer Therapieeinrichtung, in der sie über ein halbes Jahr betreut wurde, abgefunden und ihr Leben nach der neuen Situation ausgerichtet. Nach einigen Anläufen gegen die Sturheit der Behörden gewährte man ihr schließlich auch genug Pflegegeld und eine Pension, sodass sie sich finanziell keine Sorgen machen zu brauchte. Geld war für Deine Mutter nie ein Thema gewesen.

Wir sahen uns längere Zeit nicht, bis ich eines Tages in der Gegend war und ihr an der Straßenbahnstation begegnete, wo sie mich einlud, doch wieder einmal bei ihr vorbeizukommen. Dieses Mal sah ich mich konfrontiert mit einer ganzen Menge von unappetitlichen Heuchlern und Schnorrern, die ihr offen ins Gesicht logen und sie ausnutzten, wo immer das ging. Ich räumte gleich einmal ordentlich auf.

Deine Mutter war mir einerseits dankbar, andererseits schon wieder so von diversen Substanzen abhängig, mit denen sie die falschen Freunde versorgt hatten, da sie selbst vorzog, so wenig wie möglich außerhalb ihren eigenen vier Wänden zu verbringen. Sie wandte sich nun an mich, verschiedene Gänge für sie zu tätigen. Solange es sich um medizinische Hilfsmittel, um Einkäufe im Supermarkt handelte, war das kein Problem für mich.

Mir fällt soeben ein, Du hast mir erzählt, mit siebzehn Jahren einmal für längere Zeit bei ihr in Wien gewohnt zu haben, kaum fünfzehn Minuten entfernt von der Gegend, in der ich ansässig war. Wir sind uns nie begegnet oder haben uns nicht erkannt, schade.

Vom Umgang ...

Was Deine Erziehung und Deine Entwicklung betrifft, hat Deine Mutter auch, so lange wir zusammen waren, nicht sehr viel getan, später, nach dem, was Du mir so erzählt hast, auch nicht.

Sie war entweder zu faul dazu oder damit beschäftigt, ihre eigenen Defizite zu akzeptieren und auszugleichen. Einmal, da warst Du kaum vier Jahre alt, hat sie mir dabei grob ins Handwerk gepfuscht.

Ich hatte mich, nach langer Abwesenheit, nach Bad Ischl gewagt, hauptsächlich, um mit Euch beiden einen gemeinsamen Nachmittag zu verbringen, eventuell auch ein paar Leute von früher zu treffen, auch, wenn sie vielleicht immer noch einen nicht gerechtfertigten Groll gegen mich hegten. Wir zogen durch die Innenstadt, bogen gerade in die Schulgasse ein, als ein Kaugummiautomat Deine Aufmerksamkeit auf sich zog, vor allem dessen Inhalt, von dem Du nun einen Teil einfordertest. Es ging nie darum, dass ich Dir diesen nicht gönnte, nur fand ich den Augenblick ganz günstig, Dir eine Lektion zu erteilen, wie es um meine finanzielle Lage stand und begann ein Spiel, in dem ich Dir erklärte, auch wenn ich Dir den Kaugummi von ganzem Herzen gönnte, würde ich ihn Dir nicht kaufen können, weil ich in Wien keine Arbeit hatte, außer meine künstlerische, von der ich nicht gerade reich wurde. Das Geld, welches ich vom Staat bekam, reichte nicht mal dazu aus, Dir zum Geburtstag was Ordentliches zu schicken. Zudem musste ich zusehen, wie ich das wenige Geld verwendete, da es mir sonst passieren konnte, dass ich wieder mal auf der Straße stand. Dein Gezeter wurde weniger, und ich hatte Dich fast an dem Punkt, dass wir weitergehen konnten und ich Dir vielleicht noch ein paar Dinge über Armut und Wohlstand erklären konnte: Dass nicht der Kaugummi von Wichtigkeit sei, sondern dass ich Dich, auch wenn wir uns selten sahen, immer liebte und Dein Vater war, der Vater, den ich nie gehabt habe und Dir klar machte, wie viele Vorteile Dir eigentlich dadurch beschieden waren. Da hatte Deine Mutter die Geduld verloren, warf Geld in den Automaten und ließ Dich am Freigabemechanismus drehen – das Ergebnis war eine große, in goldfarbenes Papier gewickelte Kugel, die alle meine Erklärungen und Belehrungen in den Wind blies.

Selbstbild

Mir hat man immer vorgeworfen, dass ich mich vor der Arbeit drücke und keine Perspektiven für die Zukunft entwickle. Eine Alternative, zuallererst einmal das Abitur nachzuholen, scheiterte daran, dass ich dort auf einem halben Gramm Opium, gemischt mit ziemlich starkem LSD, auftauchte und rein gar nichts schnallte. Es war einfach viel mehr meine Welt, aktionistisch und künstlerisch durch mein Leben zu gehen, zudem, schlimmer als Dein Ex-Freund Juan Julian trieb auch ich es nicht. Dieser saß auch noch nach unserer Hochzeit und nach Deiner Geburt bei den Eltern Deiner Mutter im Haus fest und ließ sich bemitleiden und von Deiner Großmutter mütterlicherseits bekochen. Dein Großvater pflegte mit ihm Konversation auf Spanisch und kaufte ihm seine immer spärlicher werdenden, recht schönen und phantastischen Bilder ab. Mir ging das ganz gewaltig auf den Nerv. Er tauchte auch mindestens einmal pro Woche bei uns in der Pfarrgasse auf, um Dope zu kaufen oder zu bestellen. Ich hatte eigentlich nicht vorgehabt, damit zu dealen, wurde aber mehr und mehr von den Bekannten, meinem

Umfeld, in diese Rolle gedrängt. Nachdem ich sie einmal angenommen hatte, begann sie mir zu gefallen. Als ich dann Gustav kennenlernte, der um einiges älter als ich und mit einem Hang zum Exzentrischen und einem guten Musikgeschmack ausgestattet war, der einen tollen BMW fuhr oder einen schicken Franzosen, wurde dieser für mich eine Art Vaterfigur und ich war ihm treu ergeben. Er beschaffte mir jede beliebige Menge Dope – für mein persönliches Vergnügen auch Gras, LSD, Speed und Koks – und wir fuhren gemeinsam nach Holland, um solches einzukaufen. Die Konsequenzen habe ich damals nicht gesehen. Noch dazu konsumierte ich wesentlich mehr als ich verscherbelte, weshalb ich mich ständig bei G verschuldete und immer abhängiger von diesem wurde. Zu dieser Zeit aber war es kein Problem, bei verschiedensten Banken Kredite zu bekommen. Allein der Name des Schwiegervaters genügte, um die Direktoren ohne Einkommensnachweis und Sicherheiten dazu zu bewegen, mir Summen in der Höhe von bis zu vierzig tausend Schilling zu geben. Eines Tages würde sich schon was ergeben, um das Geld zurückzuzahlen. Wir bekamen auch immer wieder nicht unbedeutende Summen vom Staat auf unsere Konten. Wir brauchten uns nicht allzu viel Gedanken oder Sorgen zu machen und taten dies auch nicht. Dass wir uns tagtäglich weiter auseinanderlebten, bewertete und handhabte jeder von uns anders. Deine Mutter hintertrieb alle meine Bestrebungen, gute Projekte durchzuziehen und vergraulte die Kollegen und Freunde. Sah sie mich interessiert in einem Buch lesen, begann sie über irgendeine Lappalie zu sprechen. Ich musste sie mehrmals aufmerksam machen, ehe sie darauf reagierte, dass Du ein Bedürfnis, Hunger oder volle Windeln hattest. So lange sich es um volle Windeln handelte, zog ich es vor, meine momentane Tätigkeit zu unterbrechen, Dich zu säubern und mit frischen Windeln zu versorgen. Um den Haushalt oder die Versorgung der jungen Familie kümmerte sie sich auch nicht, warum auch, wenn ihre Mutter jeden Tag einen Topf mit frisch bereitetem Essen anliefern ließ.

Ich meine das auch nicht so, dass ich Deiner Mutter nur Vorwürfe mache, sie hatte schon ihre für mich reizvollen Seiten, ihre Großzügigkeit und Unbekümmertheit, was finanzielle Dinge anbelangte, ihre Auflehnung gegen das bürgerliche Umfeld, aus dem sie stammte, ihre Direktheit, wenn es um einen Gegenbeweis ging – sie reagierte auf den Vorwurf ihrer Mutter, sie hätte zu wenig Milch, um Dich zu stillen, derart, dass sie eine ihrer Brüste vom Still-Büstenhalter befreite und ein wahrer Milchregen sich über die schockierten Kritiker ergoss.

Noch Fragen?

Ich denke, dass Du im ersten Moment nicht verstehen wirst, was ich hier mache. Du wirst glauben, ich möchte Deine Mutter verunglimpfen und Dir Schmerz bereiten und mich für ein ziemliches Ekel halten. Doch sieh, ich erzähl hier so manche Geschichte und Episode, damit Du mit meinem Wissen mehr zu Dir selbst finden kannst, denn ich vermute, da ist so manches weiße Gebiet auf der Landkarte Deiner Seele. Hast Du eigentlich eine Ahnung, warum Du Deine Beziehung so eng führst? Ich könnte Dir eine Erklärung dafür anbieten.

In Salzburg war das einzige Nina Hagen Konzert für Österreich angesagt, welches ich unbedingt sehen wollte. Eigentlich alleine, vielleicht mit einem Mädchen, zu dem ich gerade zarte Bande knüpfte, vielleicht mit dem Typen, mit dem ich damals aus Holland Hasch holte. Die Karten hatte ich schon gekauft. Die unangenehme Angewohnheit Deiner Mutter, in meinen Sachen zu stöbern, führte dazu, dass sie selbige fand und fest und selbstverständlich annahm, diese seien für uns beide, zum gemeinsamen Konzertbesuch erworben.

Ohne einen Babysitter zu engagieren, in der vertrauensvollen Hoffnung auf den gegenüber wohnenden Bruder oder dessen Frau, ist sie mir nicht mehr von der Seite gewichen und hat Dich in Deinem Bettchen gelassen. Als wir spät in der Nacht zurückkamen, warst Du verheult und verstört, ziemlich entkräftet.

Mich trifft daran ebenso Schuld, doch ich verlangte nach mehr Freiraum.

Schon viel früher empfand ich ihre Anwesenheit, ihre Faulheit, ihr unreifes Gehabe unerträglich. Du hattest die Windel voll und krähtest lautstark nach Befreiung von der unangenehmen Einengung. Eine mehrmalige Aufforderung in Richtung Deiner Mutter blieb unbeachtet, so ließ ich schließlich von meiner Arbeit ab und trug Dich ins Bad, wo auch der Wickeltisch stand, löste die Klettverschlüsse und warf das voll gekackte Teil in den Mülleimer.

Sie unterlief alle meine Bemühungen. Ich hatte bei einer Bank im Nachbarbundesland mit einem Kulturkonzept, einiger Frechheit und viel Beredsamkeit einen Kredit über einhunderttausend Schilling aufgetan, wofür mir Deine Mutter bürgte.

Wir mussten auch eine Risikoversicherung abschließen, von der wir die monatlichen Summen über längere Zeit einzahlten, deshalb habe ich mich bis heute erfolgreich dagegen gewehrt, das Geld zurückzuzahlen.

Pfänden kann man mich nicht, ich lebe am Existenzminimum – was zum Glück ein dehnbarer Begriff ist.

Als ich dann emsig begann, das besagte Konzept in die Wirklichkeit umzusetzen, tat Deine Mutter wieder einmal das, was sie schon öfter im Falle einer meinerseits ernstgemeinten begonnenen Arbeit getan hatte, sie blockierte und sabotierte meine Ambitionen, saß den lieben langen Tag mit einem verdrossenen Gesicht herum und rührte weder einen Finger im Haushalt, noch machte sie Anstalten, mir in die Hände zu spielen. Sie trotzte und mimte die Beleidigte. Eines Tages hatte ich ihr absolut unangenehmes und zerstörerisches Verhalten dermaßen über, dass ich ihr binnen einer Stunde derart viel Wahrheiten an den Kopf warf – was sie mit geworfenen Gegenständen quittierte und mich in Rage brachte, da das meiner Auffassung nach keine Kommunikation unter zivilisierten Menschen darstellte –, dass sie kurz danach erbost, mit Dir im Schlepptau – sie wusste, wo sie mich verletzen konnte – ins elterliche Heim davon brauste. Dort wurde sie mit offenen Armen empfangen. Ich war nie wirklich der richtige Umgang für sie gewesen.

Eine Weile litt ich unter der Trennung von Dir, war aber froh, dass ich Deine Mutter los war, atmete auf und brachte in Umlauf, dass ab jetzt wieder sturmfreie Bude in der P-Gasse sei. Es dauerte nicht lange, bis die ersten Bekannten und Freunde antanzten und die Wohnung zum Künstlertreff, zum Spielplatz für alle möglichen schrägen und kreativen Vögel aus der Gegend wurde.

Wie dem auch sei, als das Projekt dann so weit umgesetzt war, dass die Sammlung aus Text und Bild an die Druckerei gegeben werden konnte, hatte ich die ganzen Exzesse und langen Nächte und die vielen Leute über, zweigte fünfzehn Tausender von dem Bankkredit ab und fuhr mit meiner Freundin nach Barcelona.

Ich habe auch Fehler gemacht. Aber Deine Mutter war ein polygames, falsches, hinterhältiges Miststück.

Nachsatz

Ich habe Dir hier sehr offen und ungeschminkt über Deine Mutter berichtet. Es wird gar nicht nötig sein, über mich etwas hinzuzufügen, da wir ja gewisse Strecken unseres Lebens gemeinsam gegangen sind – und, wenn Du aufmerksam gelesen hast, wirst Du wohl gesehen haben, wie versöhnlich und … ich diese Frau behandelt habe, obwohl sie es eigentlich nicht verdient und mir viele Sorgen, Kummer, seelische Schmerzen bereitet hat. Du sollst nicht glauben, ich tue dies nur, um sie zu verunglimpfen und Dich gegen sie aufzubringen. Ich wollte Dich einfach über die erzählende Beschreibung dieses Lebensabschnittes zu Dir selbst hinführen, Dich von Ängsten, falschen Informationen und Zweifeln befreien. Du wirst bald siebenundzwanzig Jahre, hast zwei Kinder in die Welt gesetzt, um die Du Dich nicht mehr kümmerst, lebst in Wien und befindest Dich in einem Taumel der Selbstaufgabe und der Selbstzerstörung, der mir nur zum Teil verständlich ist, in dem Maße, der aus Deinen Kindheits- und Jugendtraumata resultieren könnte.

Aber genug jetzt von dem Gerede, ich darf Dir keine Vorwürfe machen, das wäre nicht von allzu großer Sinnhaftigkeit, am Ende von keinerlei Nutzen. Ich kann nur hoffen, dass Du irgendwann einmal diese Zeilen liest und sie Dich weiter zu Dir selbst führen.

Lassen wir die Toten ruhen, verzeihen wir auch das, was eigentlich nicht zu verzeihen ist. Machen wir es für eine mögliche Übereinkunft in unserer Zukunft, lassen wir uns eine Türe offen, durch die wir uns unterhalten können.

Vor ein paar Stunden habe ich erfahren, dass Du in Wien eine Meldeadresse hast und Grundsicherung bekommst, dazu alle zwei Monate, auf Grund Deiner psychischen Probleme, eine erhöhte oder verlängerte Waisenpension.

So kann ich beruhigt sein, was Deine momentane Situation betrifft, es scheint mir, dass Du nach alle den Erfahrungen, die Du im letzten Jahr gemacht hast, ein wenig vernünftiger geworden bist und auf einem Weg, Dich zu erholen. Ich sehe so viele junge Menschen ohne Perspektive und Lebensinhalt.

Darum freue ich mich aufrichtig für Dich.

Lebe wohl.

BRUDER

Prolog

Hier trennen sich unsere Wege. Du bist mir zu nahe gekommen.
Hast alle möglichen Leute belogen, ihnen vorgegaukelt, mein Bruder zu sein, daraus Nutzen gezogen.
Hast genommen, was dir nicht gehört.
Durch unsere Ähnlichkeit bedingt, haben die Menschen dir diese Geschichte geglaubt.
In den Anfängen war es mir gleichgültig, ich habe das Verwirr- und Verwechselspiel sogar spaßhalber einige Male mitgespielt, die jeweils eigene Person der perfekte Doppelgänger der anderen.
Erst als du begonnen hast, Dinge zu tun, die mir nur im schlimmsten aller Fälle einfallen würden, ist es mir peinlich und unerträglich geworden, dir den Rücken zu decken, als du mich in deinen eigenen Untergang miteinbezogen hast, musste ich die Unterschiede unserer Wesen klar stellen.
Hier denke ich noch einmal zurück an die Zeit, gedenke deiner.
Du hast mir letztendlich auch das Gleichnis eines vergeudeten, verspielten Lebens nahe gebracht, mir den Blut trinkenden Moloch gezeigt, der unsere schwachen Seelen seinem großen, gierigen Schlund einverleiben will.
Seite an Seite haben wir gigantische Unwahrheiten und die göttlichen Funken einer zerbrechlichen Wirklichkeit und schwer einsehbare Wahrheit erfahren.

Straßenkind

Bruder steht an der Straßenbahnhaltestelle.
Er zittert.
Sein wunder, von offenen, entzündeten Eiterherden übersäter Körper wird von Krämpfen geschüttelt.
Schweiß, dicker, dreckiger, zähflüssiger, stinkender Schweiß strömt aus den weit offenen Poren, benetzt sein Gesicht.
Die Pupillen riesengroß, unnatürlich, übernatürlich geweitet.
Seine Haut ist Wachs.
Ich kann nachvollziehen, wie er sich fühlt.
Wie sein Körper die tägliche Dosis fordert.
Ich kenne den Einsatz und das Spiel.
In ihm wechseln eisige Kälte und Höllenhitze einander ab.

Der Anfang der Entzugserscheinungen, die er nicht dulden will, nicht zulassen wird.
Angst. Wahn. Trugbilder. Peinigende Vorstellungen, Hoffnungslosigkeit. Zwang. Sehnsucht nach Geborgenheit und Liebe, unerfüllt.
In seiner Hand ein Bündel von wahllos, achtlos zusammengesteckten, zerknitterten Geldscheinen, feucht, in der Hosentasche eine Vielzahl von Münzen von verschiedenem Wert, die sich über Stunden hinweg gesammelt haben.
Dafür steht Bruder an öffentlichen Plätzen und bettelt, kniet am harten Beton des Gehsteiges, in sich gekehrt, versunken in kaum nachvollziehbare Gedanken.
Manchmal schreibt er schnell ein paar Gedichte oder eine kurze Erzählung über Blut und Schmerz, vervielfältigt diese und tritt dann in den Lokalen oder am Bürgersteig, verdreckt und unrasiert, offene, blutverkrustete Stellen an den Händen, an Menschen heran.
Über längere Zeit hinweg hat er von diesen nun genug Geld erhalten, so dass er seinen kranken, triebhaften Hunger stillen kann.
Ich weiß nicht, wie viele hundert Gesichter er dabei sieht, wie oft er verächtlich abgetan, abgekanzelt, abgelehnt, böswillig beschimpft wird, wie oft angespuckt, getreten, weggejagt.
Wie oft er versucht wird, seinen Körper gegen Geld für sexuelle Begierden zu verkaufen.
Wie oft er verstanden, bemitleidet, wohlwollend großzügig beschenkt wird.
Gleich ist es Mitternacht.
Dort drüben, am Rande meines Gesichtsfeldes, steht Bruder mit einer Gruppe von ausgehungerten, eigenartigen Gestalten, die nervös auf und ab flanieren, bei Öffibenutzern Zigaretten oder Münzen zum Telefonieren (?) schnorren, misstrauisch, in permanenter Hektik die Gegend nach Polizeifahrzeugen oder Zivilstreifen absuchen.
Eine Straßenbahn kommt.
Nach einem Blick durch deren Scheiben, drängend, alle demselben Ziel zustrebend, belagert die Gruppe dann im Verkehrsmittel eine Person, ohne Rücksicht, nicht bedacht darauf nehmend, dass die Zusammenrottung den anderen Fahrgästen suspekt erscheinen könnte.
Die Junkies sammeln sich um, hängen sich an den dunkelhäutigen Mann, der die Rauschmittelsüchtigen, die Narkotika- und Aufputschmittelfreaks, die Geächteten, die Miss- und Unverstandenen, an den Rand der Gesellschaft Gestellten, mit Stoff versorgt, der nervös andere

Fahrgäste mit einem scharfen, kurzen, fragenden Blick streift, um der Gefahr der Verhaftung durch Polizeibeamte in Zivil vorzubeugen.
Der, sich auf der anderen Seite seiner Macht, seines kurzfristigen Ruhmes, seiner Begehrtheit bewusst, gutgekleidet, lässig, ein wenig überheblich das Geld in groben Mengen, immer nur Scheine, einkassiert und als Gegenleistung den in kleine Plastikpakete eingeschweißten Stoff verteilt, Zehntelgrammmengen von verschnittenem, gestrecktem Heroin und Kokain.
Im Laufe eines Monats verdient er genug Geld, um seine Familie in der Heimat ein ganzes Jahr lang zu unterstützen, seine Brüder und Schwestern an gute Schulen zu schicken, ist aber längst dem Luxus, der kranken Magie des westlichen Kapitalismus verfallen, investiert die Einnahmen lieber in Goldschmuck, Markenkleidung und andere nicht unbedingt notwendige Ankäufe.
Bruder verhandelt ein kurzes, gestenreiches Gespräch lang und bekommt für sein mühsam erworbenes Bargeld den Gegenwert zum aktuellen Tageskurs der Rauschgiftszene getauscht.
Er entspannt sich sichtlich, ist offenbar mit dem Erworbenen zufrieden, zwinkert mir zu und gibt mir einen Wink, beim nächsten Halt auszusteigen.
Wir wechseln das Verkehrsmittel, steigen um in die U-Bahn, die uns nach Hause bringt.
Dort angelangt, beginnt die hektische, ritualisierte Suche nach dem Zubehör, welches für die Zubereitung des Rauschmittels benötigt wird.
Dankend lehne ich anschließend das Angebot, ein Drittel der flüssigen, goldbraunen Substanz, mit Kokain vermischt, ab, da ich mich auf den Versuch einer ambulanten Therapie, unterstützt von pharmazeutischen Produkten, eingelassen habe, sozusagen „legalisierter" Morphinist bin.
Bruder akzeptiert meine Weigerung, ohne zu hinterfragen, ohne eine weitere Erklärung hören zu wollen, aber ein sarkastisches Schmunzeln umspielt seine Lippen.
Durch den Umstand, dass sein geschundener Körper sich mit vereiterten, verknoteten, entzündeten Venen gegen eine weitere Aufnahme des Giftes wehrt, die geschwächten Abwehrkräfte die Wunden kaum verheilen lassen, braucht er geraume Zeit, bis er eine brauchbare Einstichstelle findet.
Überall Blut, in dicken Rinnsalen spannt es sich über die Haut, rinnt an den Unterarmen hinunter, bildet Lachen auf dem Boden.

Dann trifft er eine Vene, Blut schießt in die Kanüle, er drückt den Kolben ganz durch, die Substanz geht in den Blutkreislauf über, in weniger als zehn Sekunden kippt er entspannt, breit, berauscht nach hinten, dann ist er weg, ganz weit weg, in einem nur ihm zugänglichen Wunderland, einer anderen Welt, unansprechbar, entrückt, mystifiziert.

Kurz nach dem Höhepunkt des Rausches kommt er wieder zu sich, beginnt übersprudelnd wahllos, eifrig aus seinem Leben zu erzählen, wie er von seinem Vater geschlagen wurde, wie sein Vater die Mutter geschlagen hat und er aus lauter Verzweiflung fortgelaufen ist, auf Trebe ging, wie er und seine Freundin im Orient, als sie per Anhalter reisten, vergewaltigt wurden, wie er in Wien auf den Strich anschaffen ging und ziemlich gut verdiente, da er seinen Kunden gnadenlos Liebe vorzuspielen verstand, wie oft man ihn schon beim Kaufhausdiebstahl erwischt hat, dass er seit ein paar Wochen Vater ist, Streit mit der Kindesmutter hatte, nach acht langen Monaten, die er suchtbefreit am Land gelebt hatte, in die Stadt gekommen ist, sofort rückfällig wurde.

Nun ist er verroht, aufgeraut durch die harte Gangart der Straße.

Der Morgen bricht an, als wir uns schlafen legen. Ich bin noch aufgewühlt, am Überlegen, lasse den bewegten Tag noch einmal vorüberziehen. Immer dieser Kampf ums Überleben, kaum eine ruhige Minute zur Besinnung, Krisen hier und da und dort.

Bruder schläft unruhig, stöhnt, spricht im seichten Schlaf zusammenhanglose Worte, schreit dann auf, dadurch fällt es mir schwer, in eine Tiefschlafphase zu kommen, auch ich schlafe oberflächlich, finde keine Entspannung.

Kaum erwacht, durch sein Rumoren geweckt, bekomme ich seine ganze Unruhe, Anspannung zu spüren, finde längere Zeit keinen Anhaltspunkt, was ihn so ruhelos stimmt.

Gereizt verlässt er eine Viertelstunde später die Wohnung, ich verliere ihn aus den Augen, sehe ihn mehr als eine Woche lang nicht.

Dann, eines Tages, steht er wieder vor der Tür, noch abgemagerter, ausgehungerter, Blutkrusten an den Lippen, verstaubtes Gewand, einen aufdringlichen Geruch nach Verwesung und Moder an sich.

Erneut erlebe ich den Kreislauf mit, den seine Abhängigkeit ihm diktiert.

Auch ich bin labil geworden in diesen Tagen, habe mich in Widersprüche verwickelt, mich gehen, Termine ungeachtet vorübergehen lassen, bin unzufrieden mit mir, und so geschieht es.

Epilog

Erregt, verstört rauche ich eines Morgens eine Zigarette.
Mehrere selbst gedrehte Zigaretten hintereinander. Der Frust verschwindet dadurch nicht, die Qualmerei löst keine anstehenden Probleme.
Ich begebe mich in die Küche, will mir einen Kaffee machen, um mich in Fahrt zu bringen, meine schlechte Morgenlaune zu vertreiben.
Anstatt auf Brauchbares zu stoßen, finde ich aber nur süßlich vor sich hinfaulende Instrumente des Rauschmittelkonsums vor, werfe diese angewidert in einen Müllsack, verfluche das ganze Chaos und die Unordnung, dort halbe Zigarettenfilter, umgekippte Aschenbecher, dort und da schimmelnder Joghurt, dahinfaulende Zitronenhälften, öffne eine Schublade, um eine Tablette gegen das aufsteigende und das allgemeine Kopfweh zu nehmen, da liegt dann ein bis obenhin gefüllter Kolben, mit einer neuen, frischen Injektionsnadel verschlossen auf einem Zettel, auf dem mit kindlicher Handschrift geschrieben steht: „Bruder, wenn dein gleichförmiges, monotones Leben dich wieder einmal anödet, versuch doch hiermit – zu fliehen …“
Und in diesem Moment der Langeweile fällt meine letzte Hemmung.

ICH ODER DU – EIN ABSCHIED

Komm, sprich ein paar von deinen Worten, knüpfe sie aneinander zu dem Garn deiner melodischen, wohlklingenden Sätze, deiner wundersamen, gut getarnten Lügen, die du dir so oft vorgesagt hast, die so oft Verwendung fanden, sodass sie für dich unantastbare Wahrheit geworden sind.
Sprich sie aus, aus dir heraus, mit diesen vollen, dunkelblau bemalten Lippen, ich werde dir zuhören, mich daran hängen, an ihren Bewegungen orientieren – wie ein Sünder an ihnen hängen, an einem Stück vager Hoffnung – und werde erschöpft, mich daran klammernd, halbschlafend dahintreiben, das beruhigende Plätschern deiner Sprache wird mich umwickeln, einhüllen, mir eine momentane Geborgenheit geben, die, kaum werde ich sie einmal hinterfragen, zerbricht, von der Wüste des Alltags begraben wird.
Komm, bring mich heim in deinen Hafen, dein ausgeschmücktes Haus, in dem die Leere der vielen, weiten Räume dir Einsamkeit macht, in dem die Überraschungen über mich hereinbrechen werden, die kleinen, banalen Selbstverständlichkeiten, die Wahrheit, dass du geboren hast, deine Schlamperei, deine schmutzige Wäsche, die edel geformten Glasbehälter, in denen der Duft gelagert ist, mit dem du dich so aufregend, betörend umgeben kannst, wenn du in den dunklen Kaschemmen der Nacht auf Jagd gehst …
Komm, reich mir einen Becher mit Wein, auf dass wir trinken auf die konstruierte Zweisamkeit, noch sind wir zusammen auf Grund unserer Einsamkeit und zeigen freundliche Gesichter und täuschen vor, nicht zu wissen, dass nichts mehr ist außer hochgehaltene Lüge, ein Possenspiel, Betrug und Selbstbetrug ein paar Vorteile halber, wir werden noch wochenlang im trügerischen Frieden Seite an Seite leben, unserer egoistischen Bedürfnisse halber, der Bequemlichkeit wegen, wir werden Bett und Tisch teilen, auf all den schicken Festen als Paar auftreten und als solches gelten, Gültigkeit erlangen …
Komm, verbinden wir einander die Augen und füllen die Gläser mit Wasser und Gift, ich halte diesen Anschein von Vertrautheit, dieses Gespinst, das Konstrukt aus Hinterhältigkeit und Falschheit nicht mehr länger aus, komm, lass uns anstoßen und trinken, komm, lass uns die Möglichkeit, dass einer in Frieden stirbt und einer in Frieden lebt.
Warum schweigst du?

AM ENDE DES TUNNELS ...

... sah ich Licht, helles, klares, kristallreines Tageslicht, welches mich derart blendete, dass ich mich umgehend einigelte und den kurz unterbrochenen Schlaf im überheizten Zugabteil fortsetzte.
Das Erwachen war ein böses, denn eine schnarrende Stimme in einer seltsam zur deutschen lautverschobenen Sprache forderte mich zum Vorweisen eines Reisedokumentes auf.
Eine heftige Konfusion bezüglich meiner geographischen Orientierungsfähigkeit ergriff kurzzeitig von mir Besitz, legte sich aber rasch wieder, als über die Lautsprecheranlage ZÜRICH HAUPTBAHNHOF, diesmal in perfekter Aussprache und gleich noch in mehreren Übersetzungen, ausgerufen wurde.
Die Figur in Grün samt dem gleich gewandeten, uniformierten Begleiter, verschwand aber nicht aus meinem Gesichtsfeld und musste daher, nicht mehr der Traumwelt zugehörig, als eine lästige, aufdringliche Wirklichkeit betrachtet werden.
Durch ein eifriges Durchstöbern meiner Jackentaschen versuchte ich Zeit zu gewinnen, um bei der zu erwartenden Konfrontation zumindest gänzlich wach und nicht um Antworten verlegen zu sein. Als der gewünschte Zustand eingetreten war, bekannte ich, weder Reisepass noch sonst einen geeigneten Nachweis zu besitzen, aus welchem meine Identität ablesbar wäre, was zur Folge hatte, dass man mir höflich-distanziert meine Verhaftung zum Behuf der Feststellung meiner Herkunft mitteilte und ich, mit Handschellen versehen, von den beiden Grünjacken flankiert, über einige Bahnsteige quer durch die Bahnhofshalle zu einem Polizeifahrzeug verbracht wurde, welches mich in eine Art Sammelgefängnis überstellte.
Nach kurzem Rapport und Abnahme des kalten Metalls um meine Gelenke verschwanden die beiden und ich wurde den Aufnahmemodalitäten der Anhalte-Stelle überlassen.
Diese bestanden darin, dass ich nach meinem Namen gefragt wurde, frische Unterwäsche, Bettzeug, Toilette-Artikel und Hausschuhe herangeschafft wurden, und in der Mitteilung, Mittagessen sei schon durch, ich könne aber Brot, Käse, Wurst und Tee bekommen. Während ich die Dusche ausgiebig benutzte, fand man eine Zelle, in die man mich schließlich verbrachte. Alles in allem eine recht harmlose Prozedur.
Im Haftraum befanden sich schon drei Anhalte-Kandidaten, ich grüßte mit einem unverbindlichen „hallo“ und besetzte eine freie Schlafstelle,

in dem ich mein Zeug darauf deponierte. Ich schnorrte noch von einem der Mithäftlinge eine Zigarette, dann baute ich mein Bett und knallte mich hin, wollte ein bisschen dösen, mich erholen und sammeln.
Hier also, in der schönen Schweiz, war ein unbeabsichtigter Zwischenhalt eingetreten. Nicht, dass ich ein klares Ziel vor Augen gehabt hatte, wohin ich wollte, allerdings nicht in eine Gefängniszelle in Zürich. Wenn ich aber ehrlich zu mir selbst war, schien ich hier erst einmal besser aufgehoben und immerhin mit einem Dach über dem Kopf und einer Schlafstätte versehen, was in Bregenz nur ganz selten der Fall gewesen war.
Dorthin war ich, quer durch das ganze Land, aus einer sentimentalen Erinnerung an einige schöne Tage im Jahr zuvor, gemeinsam mit Bekannten aus der Musiker-Szene, gefahren, hatte aber keinen Anschluss, keinen Zugang gefunden und war nur ziemlich wirr durch die Tage getorkelt.
Diesmal gab es keine Lagerfeuerromantik an der Bregenzer Ache, kein Konzert in der Pool-Bar und keine MOONDOG JR., welche man interviewen konnte, kein frisch gemachtes Bett im Gästehaus der Eltern eines der Musiker, niemanden, dem ich mich mitteilen konnte, niemanden, dem ich ernsthaft auf die Nerven gehen konnte, kein Gras, kein Speed, keine Mohnkapseln, keinen Spaß eben …
Nicht bedacht hatte ich auch, dass ich in Wien fast tagtäglich Substanzen zu mir nahm, die meine Nervosität und Anflüge von Depressionen dämpften, mich so für mich selbst und meine Umwelt erträglich machten. Ich schob, ohne es mitzukriegen, nun vermutlich einen ordentlichen kalten Entzug. Das war, nachträglich betrachtet, der wahrscheinlichste Grund dafür, weshalb die Leute (in ihrer ganzen Distanziertheit) nicht mit mir zurechtkamen und ich nichts mit ihnen anzufangen wusste. Außerdem war da ein permanentes Flimmern im Unterbewusstsein ...
Meine Überlegungen wurden jäh unterbrochen, als die Essensausgabe die Tür aufschloss. In Anbetracht eines ganz vernünftigen Abendmahls, mit einer gewissen vorhandenen, nicht auffallend begrenzten und eintönigen Auswahlmöglichkeit unterbrach ich die Rückblende und ließ es mir schmecken.
Als das Geschirr und die Reste wieder abgeholt wurden, blieb die Zellentür freundlicher Weise offen sowie die Möglichkeit, in die Kraftkammer oder in den Fernsehraum zu gehen. Auch hatte niemand was einzuwenden, wenn man einfach am Gang auf und ab pendelte oder sich einen Gesprächspartner erkor. Nachdem ich eine Weile planlos

den Flur durchstreift hatte, nicht, ohne ein wenig die Sicherheitsvorkehrungen einschließlich der Kameras auszuspähen, zog mich ein unwiderstehlicher Drang in den Fernsehraum, die Schwaden von Tabakrauch hatten mein Nervenzentrum erreicht und das Verlangen nach einer Dosis Nikotin wurde übermächtig.
Die ersten zwei Zigaretten bekam ich anstandslos, dann stänkerte mich aber einer der Insassen an, ich solle mir gefälligst meine eigenen besorgen, nahm sich aber sofort zurück, als er registrierte, dass es mir an einer wichtigen Information fehlte. Er erklärte mir, ich solle doch einfach einen der diensthabenden Beamten darauf ansprechen, dass es mir an Rauchware mangle.
Ich zog ab, brachte meine Not vor und kam mit zwei Packungen einer mir unbekannten Sorte Zigaretten, die gar nicht so übel schmeckten, retour, bot höflicherweise den Leuten, die mir vorher ausgeholfen hatten, einen Glimmstängel an, was sie aber belustigt ablehnten.
Das Fernsehprogramm war langweilig. Es hielt mich noch eine Zeit, in der ich meine Lungen ordentlich einnebelte, dann aber schaute ich mich wieder am Gang um, diesmal in der Absicht, eine Person zu finden, die mit mir Schach spielte oder ein Gespräch führen wollte.
So lernte ich Raoul, einen jungen, aufgeweckten Tunesier kennen, der mich erst einmal über Datum, Wochentag, ungefähre Uhrzeit und den Umstand, dass er alleine in einer Sechs-Mann-Zelle, die am nahenden Wochenende kaum einen Neuzugang bekommen würde, aufklärte. Er wollte unbedingt, dass ich mich zu ihm verlegen ließ. Mir war der Vorschlag nur recht, da ich mit den Typen auf meiner Zelle nichts anzufangen wusste, zumal er erklärte, er habe ein Backgammon und Schach-Spiel zur Verfügung.
Die diensthabenden Beamten äußerten keine Bedenken und halfen sogar beim Tragen der beim Einchecken ausgehändigten Insassen-Ausrüstung, ich warf den Krempel erst einmal auf eines der drei Stockbetten der geräumigen Zelle. Nach dem Abendbrot, wobei die Türen geschlossen wurden, durften sich die Gefangenen noch zwei Stunden im Fernsehraum oder am Gang aufhalten, dann gab es definitiven Einschluss. Bis zum endgültigen Abdrehen der Haftraumbeleuchtung blieben noch zwei Stunden, die wir hauptsächlich ins Spiel vertieft verbrachten, da es mit der Verständigung noch grobe Probleme gab.
Am Samstag, nach einem ordentlichen Frühstück, eine Stunde Hofgang, wie es in jedem Knast üblich, der gleichzeitig einer Auslotung der Mithäftlinge, deren Herkunft und eventueller Fluchtmöglichkeiten galt.

Jeder Mensch mit gesundem Verstand wird diese suchen, in diesem Falle nur ein Anflug einer Variation, da ja ein rasches Ende des weggesperrten Zustandes absehbar.
Nach Rückkehr in die Hafträume blieben die Türen geschlossen, Mittagessen wurde an gekarrt, dann klar, dass an diesem Tag nichts mehr geschehen würde, eventuell noch ein oder zwei Zugänge, aber nichts von Bedeutung. So vertieften wir uns wieder ins Spiel, fanden aber mehr und mehr eine Möglichkeit zur Unterhaltung, einem Mix aus Minimal-Englisch, einem gehörigen Anteil Spanisch, ein paar Worte, Begriffe Französisch, und wenn alle sprachlichen Möglichkeiten erschöpft, gravierten wir den Gegenstand mit der Kugelschreiber-Spitze in den Holztisch, der im Lauf der Zeit schon eine ganze Menge Verzierungen abbekommen hatte. Manchmal erörterten wir auch Begriffe auf dem Papier, auf dem wir die Ergebnisse der Backgammon bzw. Schachpartien notierten. Beim Backgammon stellte sich Raoul geschickter an, im Schach war ich der Erfahrenere. So verging der Samstag recht schnell. Ich fragte am Abend noch nach Zahnschmerztabletten und ein, zwei Schlafpulvern, die Schweiz hatte eine fähige Pharma-Industrie, die mich rasch ausschaltete. Ich befand mich psychisch nach wie vor in einem Prozess des Entzuges, der sich zu meinem Glück in Grenzen hielt.
So schlummerte ich hinüber in den Sonntag, sogar lange in den Vormittag hinein, da mein Zellengenosse das Frühstück für mich angenommen hatte und die Beamten mich unbehelligt ließen. Ich war von der chemischen Schlafhilfe leicht verkatert, und bis ich die Morgentoilette erledigt und meinen Kaffee und zwei Semmeln mit Butter und Marmelade verdrückt und den Kopf wieder klar hatte, kam das Mittagessen und außer der Runde im Hof blieben wir eingeschlossen, da sich die Wärter keine Arbeit aufhalsen wollten. Ich schlief noch einmal eineinhalb Stunden, um der Langeweile ein Schnippchen zu schlagen, dann aber hielt es den jungen Araber nicht mehr und er forderte mich zu einer weiteren Partie Backgammon. Ich gewann. Ein zweites Mal. Raoul erschien mir unkonzentriert und fahrig. Noch kannte ich den Grund nicht. Je weiter der Sonntag fortschritt, desto klarer wurde mir, dass ihn etwas beschäftigte und er abwog, ob er damit an mich herantreten solle. Erst noch wortkarg und über seine vielen verspielten Partien verärgert, versuchte er einmal, wie gut es mit unserer Verständigung klappte, sein Urteil fiel zu seinem Wohlwollen aus. So wurde ich erst einmal darüber informiert, dass er einen Bruder in Zürich habe. Dieser

sei schon länger in der Schweiz und hätte sich gut eingelebt. Letztendlich wurzelte sein Anliegen darin, ob ich denn ein paar Holzpantoffeln an diesen aushändigen könne.
Wir beide glaubten ja fest daran, dass ich am Montag im Laufe des Vormittags auf das Präsidium oder zum Gericht fahren könnte, vielleicht sogar zur Botschaft, wo man mir vorübergehend gültige Papiere aushändigen würde.
Am Montag weckte Raoul mich früh, so früh, dass es ihm einen groben Verweis einbrachte. Was dieser auslöste, sah ich erst um sieben Uhr, als die Anstalt zu leben begann. Ein wunderbares Frühstück war organisiert, angerichtet, zwei Zigaretten dazu. Ein im ersten Augenblick angespannter und, als er meine Zufriedenheit sah und meinen aufrichtigen Dank entgegennahm, glücklicher Raoul, der nicht zum Hofgang antrat sondern mir nicht Verständliches mit den Beamten besprach. In der Zelle zurück, zeigte sich, was er durchgesetzt hatte: Er hatte aus seinem deponiertem Besitz Pantoffeln ausgehändigt bekommen, einfach, aber sehr schön gearbeitet. Blaues Leder, mit Messing-Nieten an die aus Holz gefertigte Sohle genagelt, ungefähr Größe 45.
Sobald wir allein waren, händigte er mir diese aus und nötigte mir das Versprechen ab, sie unbedingt seinem Bruder zu bringen, dessen Adresse er auf ein winziges Stück Papier schrieb, mit Bleistift – so, dass es für die Beamten sicher nicht zu finden war.
Meinetwegen, wenn ihn das glücklich machte. Vielleicht war es ein vereinbartes Zeichen, und sei es nur das seiner Ankunft für seinen Bruder, der nun alles in die Wege leiten konnte, ihn aus dem Auffanglager herauszuholen.
Beide waren wir davon überzeugt, dass ich spätestens um die Mittagszeit als freier Mensch, mit Ersatzdokumenten versehen, durch Zürich wandeln würde. Wobei natürlich die übers Wochenende geschlossene Bekanntschaft und der Kontakt in der Freiheit durchwegs nützlich sein konnten.
Am Wochenbeginn arbeiten die Schweizer Justizdiener flott. Schon um neun Uhr werde ich mit einer durchwegs passablen Kleidung, einschließlich einer Art Freizeitschuhen, die mir nicht gerade billig wirken, ausgestattet, zum Duschen und Zähneputzen geschickt, kann gerade noch einen kurzen Abschied zu Raoul in die Zelle rufen und werde, ohne Handschellen, im Fond eines Polizeiwagens zum Justizgebäude gekarrt.
Da läuft etwas falsch. Warum steuern wir nicht die Österreichische

Botschaft, eine hier ansässige Auslandsvertretung an? Auf die an einen der Beamten gerichtete Frage, weshalb dem so sei, bekomme ich die mürrische Antwort, dass dem eben so sei.
Ich komme nicht hinter den Sinn deren Handelns, verhalte mich aber unauffällig, einsichtig, ruhig, neben einem Paket mit Verpflegung – welches mir auch immer suspekter wird – habe ich ja noch die Pantoffeln im Gepäck, und es hat bisher keine Fragen oder gar eine Beanstandung deretwegen gegeben.
Im Justizgebäude, in einem der unteren Stockwerke, nenne ich brav Name, Geburtsdatum, Staatsbürgerschaft und, nach dem Grund meiner – angeblich illegalen – Einreise in die Schweiz gefragt, die Entgegnung, ich sei im gut geheizten Zug eingeschlafen, was einen amüsierten Blickwechsel der Beamten nach sich zieht.
Die gute Laune am Hauptbahnhof und die Aufforderung, umgehend umzukehren und mich nicht mehr blicken zu lassen, hätte die Sache abgekürzt.
Dann Fingerabdrücke, an die Messlatte, Foto.
Ich werde angewiesen, am Gang, auf einer Bank, sitzen zu bleiben. Jetzt noch an Flucht zu denken, erscheint auch den begleitenden Polizisten unwahrscheinlich. Zudem ist der Weg bis zum Ausgang sicher mit jeder Menge Kollegen gepflastert, und den Ärger tut sich wahrscheinlich nur ein Gefangener in höchster Verzweiflung an.
Nach zehn Minuten sind die beiden zurück, mit einem abgestempelten Papier, welches mein Foto, meine Daten und, am Rand, hochgestellt, meine gemessene Größe anzeigt.
Ich werde aufgefordert, zu folgen. Im Hof, wo der Wagen geparkt, darf ich noch rasch eine Zigarette konsumieren.
Wir fahren wieder los. Zur Auslandsvertretung, wenn es nach meinen Plänen geht. Mitnichten. Die beiden bringen mich zu einem Bahnhof, der nicht der mir bekannte Züricher Hauptbahnhof ist, sondern der Kopfbahnhof einer mir unbekannten Nebenstrecke. Scheiße. Gar nicht gut. Die Chancen des Empfängers der blauen Leder-Pantoffeln auf selbige schwinden, meine Laune auch. Gemeinsam mit dem Stück Papier werde ich sie einem griesgrämigen Zöllner übergeben, der mir gleich einmal die Handschellen verpasst, dazu noch reichlich eng, in die Gelenke beißend. Ich bin derart perplex, dass ich mich weder wehre noch Fragen stelle, eine Ahnung hat mich bereits überkommen. Dieser Zug wird mich über die Grenze zurück nach Österreich bringen.
So ist es dann auch. Aber nicht in einem Abteil, bereits durch die eng

eingestellten Handschellen geknechtet, nein, in einem extra aus dem Mittelalter importierten Zellenblock von vielleicht einem halben Meter mal einem halben Meter, mit einem Schlitz, durch den es zieht, und der mir recht wenig von der wahrscheinlich traumhaft schönen, ländlichen Schweiz zeigt. Dafür bleibt der Zug in jedem Kaff stehen. Mir wird klar, warum ich das Lunch-Paket bekommen habe, das sich als sehr gesund mit Mineralwasser und Apfel und einem Wurst-Käse-Sandwich herausstellt, als ich es endlich vom begleitenden Zöllner ausgehändigt bekomme. Der Zug ist kein Personenzug, sondern ein Gütertransport mit Holz, vielleicht auch Tieren, und braucht gute fünf Stunden, bis er in Feldkirch ankommt.

Endlich bin ich aus diesem Scheiß-Vehikel befreit, die Österreichischen Grenzer fordern den Idioten auch gleich mal auf, mir die Handfesseln abzunehmen, schließlich, so ihr Kommentar, sei ich kein Verbrecher. Wer weiß. Eventuell war das ja der geschickteste Schmuggel der Welt. Die Pantoffeln! Mich befällt, eventuell auch, weil ich zu viel Fantasie habe, ein hartnäckiger Gedanke. In dem Schuhwerk würde sich, geschickt eingearbeitet, ein Vorrat an Goldmünzen oder, ebenso wahrscheinlich, eine gute Portion Heroin versteckt befinden. Diese hätte ich, Kurier wider Willen, seinem Bruder bringen sollen, der nun vergeblich darauf wartete oder schon ganz nervös Informationen über deren Verbleib einholte und seine Gang auf mich ansetzte.

Nur gut, dass ich mich auf heimischem Boden befand und von der Schweiz, vor allem wegen dem Abtransport in einer im Zug integrierten Gefängnis-Zelle, die Schnauze gestrichen voll hatte. Die Österreicher wiesen mich an, auf den Posten mitzukommen, bei Kaffee und Zigaretten musste ich kurz meine Geschichte erzählen und bekam die Zusage, bald ein freier Mann zu sein.

Eine Viertelstunde später durfte ich mich trollen, nicht ohne um eine Kopie des in der Schweiz über mich angelegten Personen-Dokuments gebeten zu haben, damit ich überhaupt irgendeinen Identitätsnachweis in der Hand hätte.

Nun wollte ich einmal die zwei Adressen aufsuchen, die mir die Grenzer noch auf den Weg mitgegeben hatten, um zu ein wenig Geld und sozialer Hilfestellung zu kommen. Die Pantoffeln hatte ich mittlerweile angezogen, da ich in Turnschuhen leicht schwitze. Sie passten ganz gut und das Leder schmiegte sich an meine Fuß-Form an. Ich glaubte nach wie vor dran, einen Schatz und einen geheimen Vorrat für schlechte Zeiten bei mir zu haben.

Im kopierten Zettel sah ich eine Freikarte für das magische Theater, welches die Großstädte Europas für mich sind. Die Holzpantoffeln fingen auf meinem Weg dorthin nach täglichem Tragen recht bald an, aus dem Leim zu gehen, bis sie mir lästig wurden und ich sie am Wegrand stehen ließ.
In dieser Handlung befreite ich mich auch vom schlechten Gewissen gegenüber meinem Zellengenossen.
Die Kopie der Schweizer Justiz tat ihre Dienste lange und zufriedenstellend.

TERRORALARM

Mit Erinnerungen ist das so eine Sache. Manche bleiben verschwommen, wie sehr man auch versucht, sie aus den Speicherplätzen im Gehirn hervorzukitzeln, andere wiederum schießen sekundenschnell an die Oberfläche, an das Licht, in die bewusste Wahrnehmung und spulen bereits vergangene Handlungsabläufe ziemlich lückenlos und detailgetreu vor dem geistigen Auge ab.

Mit diesen sofort abrufbaren Erinnerungen verhält es sich in etwa so, dass ein spontaner Blick auf eine einen Quadratmeter große farbige Grundfläche fällt, auf der in der Kontrastfarbe ein nur einen Quadratzentimeter kleiner Tupfen die Aufmerksamkeit magisch anzieht, er alleine ein Universum. Und jetzt ist auch schon wieder genug.

So weit ich mich erinnern kann, wohnte ich bis vor kurzem noch bei einer Krankenschwester in Transdanubien, die mich von meinem vegetierenden Dasein in verschiedensten Nachtlokalen und Kaschemmen, oder aber auch der ein oder anderen Nächtigung auf einer Parkbank erlöste, mich dann, nach einigen Monaten unseres Zusammenseins mit Ansprüchen und Forderungen konfrontierte, die ich als Freiheitsberaubung empfand. Meine Reaktion darauf fiel reichlich paranoid aus und endete in einer Flucht Hals über Kopf. Diese ereignete sich ohne festen Plan und kannte kein konkretes Ziel, ich flüchtete vor mich hin, staunte, wohin es mich verschlug. Dazwischen liegen kleinere oder größere Erinnerungslücken, womit wir wieder zum Phänomen des Grenzgangs zwischen *bewusst* und *unbewusst* kommen.

Noch ein wenig nebelhaft die einleitende Szene, deren Handlung mich in nördliche Bundesländer der Bundesrepublik Deutschland führt. Dort wurde ich auf Grund fehlender Ausweisdokumente ein oder zweimal auf den Polizeiposten mitgenommen, von dort an das nächstgelegene soziale Hilfswerk weitergereicht. Als ich wieder einmal verwirrt und orientierungslos in einer am Stadtrand gelegenen Siedlung auftauchte und in meiner Not an Haustüren klopfte, ließ mich ein älterer Herr ein, bot mir an, mich kurz auszurasten und bewirtete mich mit Limonade. Er war denn auch sehr wissbegierig, brachte jedoch nur wenig vernünftige Angaben aus mir heraus, wusste nicht recht, was er mit mir anfangen sollte. Er rief darob die Polizei zu Hilfe, nicht aus Angst oder mir Übles zu tun, sondern mich mit deren Hilfe in ein Krankenhaus zu verfrachten, da mein Gesamtzustand ihn vermuten ließ, ich sei schwer krank.

Mit derart schicker Fahrgelegenheit, einem geräumigen Mercedes, gut geheizt, wurde ich ohne Zwischenstation in ein Krankenhaus überstellt. Es war später Nachmittag, schon etwas dunkel. Ich ließ mich tief in das bequeme schwarze Leder sinken, blieb ruhig und höflich. Dank dieses Verhaltens brachten die Polizisten die Notaufnahme im Krankenhaus sehr schnell dazu, sich meiner anzunehmen, unterschrieben das Aufnahmeformular, grüßten zum Abschied und trollten sich. Schon bald steuerte eine Krankenschwester, einen Pfleger im Schlepptau, auf mich zu, die beiden geleiteten mich zum Fahrstuhl und einige Stockwerke höher in ein, welch Luxus, Einzelzimmer, rieten mir, mich ins Bett zu legen und mich zu entspannen, was sie mir nicht zweimal sagen mussten.
Eine halbe Stunde später kam die Schwester in Begleitung eines jungen Arztes wieder, der mich kurz abhorchte, Blutdruck und Fieber maß, Entkräftung und Ruhebedürftigkeit feststellte. Die Schwester brachte Tee und ein Abendessen, wartete, bis ich mich gestärkt hatte und zeigte mir daraufhin das Bad.
Ich genoss das warme Wasser, planschte im Schaum, reinigte mich gründlich und blieb so lange in der Wanne, bis der Pfleger die Tür zum Badezimmer einen Spalt öffnete und meinte, nun wäre Schluss. Ich trocknete mich ab, putzte mir noch die Zähne und läutete dann, damit man mich wieder aufs Zimmer verbringe. Ich bat um ein beruhigendes Mittel, welches mir gewährt wurde, las erst ein paar Magazine und Zeitschriften quer, schaute dann fern und schlief zufrieden ein. Am nächsten Morgen gab es ein anständiges Frühstück, darüber hinaus wurde ich von Kopf bis Fuß mit neuwertigen Gewandstücken und Turnschuhen eingekleidet. Derart versorgt und gestärkt ging ich daran, bei einem mir empfohlenen Sozialprojekt vorzusprechen. Der mir dort zugewiesene Sozialarbeiter wusste nicht so recht, was er mit mir anfangen sollte, telefonierte darum mit einigen Organisationen und mit seinem Vorgesetzten, zahlte mir schließlich fünfzig Deutsche Mark und händigte mir neben einem Empfehlungsschreiben für eine Kleiderausgabestelle eine Streifenkarte aus.
Ich nahm den Linienbus zum Hauptbahnhof, streunte dort eine Weile herum, ehe ich den nächsten Schnellzug Richtung Holland auserkor, der möglichst ohne Halt in eine der größeren Städte gelangte.
Ich war kreuz und quer, über ein Zwischenspiel von ein paar Tagen in der Bahnhofsgegend von Frankfurt, immer höher in den Norden, in das Grenzgebiet zwischen der Bundesrepublik und den Niederlanden vorgedrungen. Auf Grund des hier seit einigen Jahren gängigen freien

Personen- und Warenverkehrs dürfte es kein Problem geben, die nicht einmal mehr existierende Grenze zu übertreten. Mit dieser Annahme hatte ich mich gründlich getäuscht und scheiterte in meinem Vorhaben einige Male an den Kontrollen nach wie vor sporadisch Dienst versehender Zollbeamter, vor allem denen des Deutschen Bundesgrenzschutzes, die mich immerhin nach der dritten Zurückweisung mit dem korrekten Familiennamen ansprachen.
Ich blieb hartnäckig und gelangte beim siebten Mal in die Niederlande, die ich erst einmal nach Belieben durchfuhr, jedoch immer hungriger, schmutziger und abgemagerter wurde. Ich schnorrte meistens in der Nähe von Bahnhöfen, was mir von meiner Veranlagung her nicht zusagte, auch immer wieder das Risiko einer Konfrontation mit dem Bahnhofssicherheitsdienst barg, der rigoroser und brutaler als die Polizei agierte.
Es gab immer wieder Menschen, die mir meine verzweifelte und verfahrene Situation ansahen und den einen oder anderen Geldschein zusteckten, in die Hand drückten oder einfach auf den Boden fallen ließen.
An irgendeinem Tag langte ich schließlich in Amsterdam an, welches ich von früheren Besuchen kannte. Ich fühlte mich zusehends unwohler. Der Herbst schritt voran und das Wetter war kalt, düster, regnerisch, miserabel. In der Nähe des DAMRACKS, hinter einem Großkaufhaus, welches sich „Der Bienenkorb“ nannte, befand sich eine von glaubenstreuen, wahrscheinlich katholisch orientierten Schwestern geführte Anlaufstelle für die Armen und Ärmsten. Bei diesen gut meinenden Frauen versorgte ich mich ab und an mit belegten Broten, Suppe, Tee oder Kakao.
Nachdem ich schon einige Male zur Nahrungsaufnahme gekommen war, man mich schon ein wenig besser kannte, hieß mich eine der Ordensschwestern in einem kleinen Vorzimmer Platz nehmen und bedeutete mir zu warten.
Sie kam nach einer Weile mit einem ganzen Stapel verschiedenster Kleidungsstücke zurück, hatte sogar einen Anorak gefunden, für den ich ihr in Anbetracht der langsam, aber stetig sinkenden Temperaturen aufrichtig dankbar war. Einzig und allein passende Schuhe zu finden war unmöglich. Ich trieb noch für ein paar weitere Tage zwischen den Grachten, den Kifferhöhlen und der Leidseplein herum, versuchte mit Schnorren und kleinen Zuwendungen von Touristen für die unterschiedlichsten Auskünfte durchzukommen, eine Lebensform, die recht umständlich und anstrengend sein kann.

Mittlerweile war ich der Bahnhofspolizei und der Bahnhofsaufsicht bekannt, somit musste ich zusehen, wo ich bei schlechtem, regnerischem oder windigem Wetter unterkommen konnte. Bei Kontrollen gab es wiederholt Probleme wegen fehlender Ausweispapiere.
Unter diesen Umständen verlor ich jegliche Lust, zu bleiben, bestieg spontan den Zug Richtung Brüssel, hoffte auf Unachtsamkeit des Schaffners oder ansonsten auf sein Verständnis, dass er mich nicht vor der Ankunft in der belgischen Metropole hinauswarf, kam unbehelligt in dieser an.
Als ich mich endgültig im hochmodernen, weitläufigen Kopfbahnhof zurecht und den Ausgang gefunden hatte, empfing mich ein durch und durch grauer Himmel, der einen schwachen, aber stetigen Regen, durchmischt mit dicken, weichen Schneeflocken abließ.
Es war angebracht, vorerst einmal in der schützenden Überdachung des Gebäudes oder in den Zugängen zu daran anschließenden Untergrund- oder Schnellbahnen zu bleiben. Ich hoffte und baute darauf, da Brüssel als die Zentrale Europas gehandelt wurde und angeblich Riesenmengen an Geld im Umlauf war, hier eine Weile bleiben zu können, hoffte auf die Großzügigkeit der Menschen.
Ich fror ein wenig und hatte Hunger, also ging ich gleich einmal daran, die mir begegnenden Leute auf milde Gaben anzusprechen. Am Anfang gab es nur Münzen und einen kleinen Schein. Obwohl ich noch nicht mit dem Wert der belgischen Währung vertraut war, wusste ich, die Summe aller Einkünfte würde kaum für ein paar kleine, aber notwendige Anschaffungen ausreichen. Da sah ich, noch in einiger Entfernung, den Herrn im grauen Nadelstreif, mittleres Alter, einen eleganten Aktenkoffer bei sich tragend. Ich steuerte langsam auf ihn zu, nahm Augenkontakt auf und stellte ihm, zuerst einmal auf Englisch, die Frage, ob er mir wohl mit etwas Geld behilflich sein könne. Im ersten Moment wirkte er aufmerksam, aber so, als wäre es ihm genehmer, sich in einer anderen Sprache zu verständigen. Geduldig wiederholte ich meine Frage, diesmal auf Deutsch, was mir sowohl eine Antwort als auch zwei, drei größere Geldscheine bescherte.
Nun war ich sicher, dass ich alle Bedürfnisse abdecken, alle anstehenden kleinen Wünsche erfüllen konnte. Weil es schon spät wurde, fuhr ich mit einem der öffentlichen Verkehrsmittel hinaus zum Flughafen, den ich als Nächtigungsstelle auserkoren hatte. Ich wusste, dass man auf Flughäfen relativ luxuriös und unbehelligt für ein paar Stunden Schlaf fände. Meine Erwartungen wurden nicht enttäuscht. Das Flughafengebäude

hatte ein ganz eigene Architektur, mehrere Ebenen mit Fluglinienschaltern, Erholungs- und Aufenthaltsräume für das Personal, Toiletten, die sauber und frisch rochen, und in denen ich eine ausgiebige Säuberung meiner Person vollzog. Räumlichkeiten für die verschiedensten Anliegen der unterschiedlichsten religiösen Konfessionen und soziale Dienste, Fundbüros, Einkaufspassagen, gemütliche Cafés und gegen die Rollfelder hin lange Gänge mit Panoramafenstern, in denen gemütliche Sitzgarnituren aus Leder oder mit Stoffbezug zum Verweilen einluden. Spät am Abend war der Personendurchzug auf ein Minimum abgeklungen, so dass ich ohne Umstände eines dieser gemütlichen Möbel als Lager zum Ruhen besetzen konnte. Ich lagerte mich unauffällig und ungeniert, packte meinen eingekauften Proviant aus, verzehrte diesen, rauchte noch eine Zigarette und glitt in einen angenehmen, friedlichen, beschützten Schlaf hinüber. Gut ausgeschlafen wachte ich auf, entleerte meinen Körper von angesammelten Verdauungsprodukten und wusch mich ausgiebig, putzte mir die Zähne und wählte dann eines der Cafés aus, um mein Nervensystem hochzufahren.
Sehr früh am Tag befand ich mich wieder in der Innenstadt und verbrachte eine gute Stunde damit, herauszufinden, wo die österreichische Konsulatsvertretung ihren Sitz hatte und wie ich dort am besten hinkam. Im Rahmen dieser Recherche stellte ich auch fest, das Brüssel gleich Wien das Stadtgebiet in Bezirke aufgeteilt hatte und manche Straßenzüge, die ich später abfuhr, sahen den heimischen sehr ähnlich, was meiner Psyche nicht gut tat.
Ich rechnete mir aus, dass ich vor zehn Uhr Vormittag kaum jemanden in der Konsulatsvertretung antreffen würde und streifte eine gute Weile durch die Gegend, entfernte mich jedoch nie zu weit von dem Punkt, den mir der Busfahrer als dienlich bezeichnet hatte.
Als ich um zehn Uhr vor einer massiven Holztür mit einer ebensolchen Messingschnalle und dem korrekten Straßennamen einschließlich Nummer auf einem Schild oberhalb angebracht stand, schoss mir die Frustration in jede Nervenfaser und jeden Knochen, da eine Informationsleiste kundtat, dass der begehrte Delegierte des Konsuls, sein Sekretär, erst um sechzehn Uhr Dienst zu tun geruhte.
Nun gewann ein Gefühl der Verwirrung Oberhand, welches mich durch Gassen, Straßenzüge und Bezirke trieb, ich glaube, mich zu erinnern, dass es weite Strecken sanft bergab ging, ab und zu sprach ich sympathisch wirkende Personen um ein paar Francs an und fand mich plötzlich an der Hinterfront des Hauptbahnhofs wieder. Immerhin ein mir bereits

ein wenig vertrautes Terrain, von wo aus ich weitere Aktionen planen konnte.
Am Nachmittag fand ich die Adresse schnell, setzte mich erst einmal ins Vorzimmer und füllte ein für die Anliegen der Vorsprechenden aufliegendes Formular aus. Zwanzig Minuten später wurde ich in ein kleines, behagliches Büro gerufen. Der jung wirkende Sekretär des Konsuls hatte meine Angaben auf dem Formular studiert und dieses vor sich liegen, also waren wir schnell beim Kern der Sache. Er half vorerst einmal mit einer Packung Memphis-Zigaretten, ein paar belgischen Franc-Scheinen verschiedenster Wertigkeit, die ich jedoch mit Unterschrift zurückzuzahlen versprach, und einer Adresse, wo ich mich in dieser Nacht ausruhen konnte, ehe ich am nächsten Tag nach einer Adresse in Den Haag fahren sollte, wo der Konsul saß. Dann war ich entlassen.
Draußen war es bereits dunkel und wieder hatte ein leichter Schneeregen eingesetzt. Ich wollte angesichts meiner momentanen finanziellen Unabhängigkeit nicht sofort in die Notschlafstelle fahren, zog stundenlang ohne festes und bestimmtes Ziel durch die Stadt. Dabei kam ich zu der Schlussfolgerung, dass ich mich in einem reichen Land, einer noch reicheren Stadt, einer Hochburg des Wohlstands befand, da die Straßenränder fast in dem zum Abtransport gestellten Müll untergingen. Neben den massenhaft bereitgestellten, fast aus den Nähten platzenden Müllsäcken staute sich ein Sammelsurium aus fast neuen, modisch durchaus brauchbaren Schuhen, nur leicht beschädigten Elektrogeräten, vom Radio bis zur Computertastatur, Kleidung, Geschirr, Besteck und einiges mehr. Eine Weile beschäftigte mich der Gedanke, wie viel Wert hier herum lag, wenn man all das Unbrauchbare aussortierte, die Rohstoffe wieder- und die verwendbaren Teile verwertete.
Es ging auf Mitternacht zu. Ich hatte die Orientierung verloren, winkte einen vorbeifahrenden Polizeiwagen heran, welcher mich auf Grund meiner Ortsunkenntnis, der späten Stunde und meiner Verunsicherung vor das Gebäude verbrachte, dessen Adresse ich auf einen Zettel notiert bei mir führte. Ich suchte mir in den dort aufgestellten Bettreihen einen Platz, gruselte mich ein wenig auf Grund der leicht obskuren Örtlichkeit und der seltsam gedämpften Stimmung, zog die Decke über den Kopf und schlief.
Am Morgen machte ich mich umgehend davon, trank in einem kleinen, netten Lokal einen Frühstückskaffee, kaute dazu zufrieden eine Art Kipferl, suchte mir aus Broschüren die nächste Verbindung zum Sitz des Generalkonsulats, nahm die nächste Zugverbindung nach Den

Haag, verklickerte dem Schaffner in einem Mix aus Deutsch, Englisch und Gebärdensprache das Nichtvorhandensein eines Fahrscheins, was nichts war im Vergleich zur Wichtigkeit meiner Mission, kam noch vor zehn Uhr an und hatte eine gewaltige Strecke zu Fuß zu bewältigen, ehe ich mich in der ruhigen Gegend am Stadtrand befand, in der sich neben vielen anderen das österreichische Konsulat angesiedelt hatte.
Es dauerte nicht lange, bis ich vorsprechen durfte, mir wurde aber schnell klar, dass ich hier einen schweren Stand hatte, richtiggehend unerwünscht, geächtet war. Nun ja, ich trug keinen Nadelstreif und auch keine korrekt sitzende Krawatte, war ohne Position und Stellung und offensichtlich arm. Noch dazu hatte die Sekretärin am Computer ausgegraben, dass ich dem österreichischen Staat noch eine lächerliche Summe aus längst vergangenen Tagen schuldete, heute nicht einmal fünfzig Euro, daher hatte ich dafür zu sorgen, dass mir Familie oder Freunde im Heimatland das Geld auf ein vom Konsulat angegebenes Konto einzahlen, ansonsten würde man mir gerade einmal ein Ersatzreisedokument ausstellen. Dass ein Vorhandensein derartiger Papiere für mich einen Riesenschritt in Richtung so genannter geordneter Verhältnisse bedeuten könnte, erahnte natürlich niemand. Ich durfte zwei oder drei Telefonate führen, dann redete der Konsul aufgebracht und nach wie vor erbost über meine Anmaßung, überhaupt die Hilfe der Republik in Anspruch zu nehmen, mit der Person, die ich am anderen Ende der Leitung und um Geld gebeten hatte. Man ließ mich im Vorzimmer warten, bis alles Weitere abgewickelt und schließlich erledigt wurde. Dort lagen einige nicht ganz aktuelle Tageszeitungen auf, die allesamt über die internationalen Reaktionen berichteten, welche die kurz zuvor konstituierte Regierung ausgelöst hatte. Jeden Tag gingen Studenten und alternative Gruppierungen auf die Straße, um zu protestieren.
Auch staunte ich kurz später nicht schlecht, was hinter verschlossenen Türen, unter Ausschluss meiner Person, ausgetüftelt und vorbereitet worden war. Man hatte sich bequemt, ein Blatt Papier mit meinem Vor- und Familiennamen und mit meinem Geburtsdatum zu beschreiben, ein Foto daran geheftet, als Kopfzeile stand GRENZEMPFEHLUNG, war darunter noch in Französisch übersetzt, unterhalb dieser spärlichen Information prangte ein Stempel, darüber die Unterschrift des Konsuls. Ich wurde eben, als nicht gerade beliebter Staatsbürger, kurz und nur mit dem minimal notwendigen Aufwand abgefertigt, was vielleicht vorerst einmal akzeptabel gewesen wäre, doch dann wurde ich wirklich ärgerlich, da man, anstatt mir das überwiesene Geld auszuhändigen,

mit welchem ich mich für eine Weile frei, in alle Himmelsrichtungen, hätte bewegen können, ein Flugticket, nur in eine Richtung, nach Wien, wohin es mich überhaupt nicht gelüstete, überteuert, gekauft, mich ohne Notwendigkeit manipuliert und bevormundet hatte. Noch dazu wollte man mich direkt zum Flughafen bringen und dort beobachten, ob ich auch wirklich abfliege. Ich sann auf Rache.
Ein Lakai des Konsuls wurde abkommandiert, mich mit einem ziemlich protzigen Wagen, fast einer Limousine, zum Flughafen zu chauffieren. Er war wirklich bemitleidenswert, eine derart nicht zur Konvention passende Kreatur als Fahrgast zu haben, war aber der netteste von allen. Er geleitete mich, seines Auftrags gemäß, sogar noch in die Abflughalle, in die Nähe des Korridors, von dem mein Flug abgehen sollte. Dort verabschiedete er sich, nicht ohne nochmalige Ermahnung, ich sollte die mir eröffnete Möglichkeit nutzen.
Ich beobachtete eine Weile, wie er mich, während er sich vom Acker machte, beobachtete. Als er verschwunden war, machte ich meinem angestauten Ärger Luft und trat in Aktion. Noch auf der Hut, ob der junge Konsulmitarbeiter nicht doch irgendwo um die nächste Ecke Posten bezogen hatte, orientierte ich mich an den Piktogrammen und den Farben der einzelnen Sektoren und langte, ohne weiter belangt zu werden, beim Flughafenhospital an, ließ mich immer tiefer in das Gefühl von Frust und Erschöpfung gleiten und lieferte einen perfekten Nervenzusammenbruch. Hier wurde ich ernst genommen. Man fragte und fackelte nicht lange und leistete mir umgehend Hilfe, indem sich mehrere Schwestern und Pfleger sowie ein Arzt meiner annahmen, mich beruhigten, mit Tee und Brötchen versorgten und mich für eine Weile auf ein frisch gemachtes, wohl tuendes Krankenbett verfrachteten, auf dem ich erst einmal ausruhen sollte, zu Kräften kommen konnte. Ich genoss diesen Zustand genau so lange, bis mir langweilig wurde, nahm mir aber noch ein wenig Zeit, ehe ich dem Personal zu verstehen gab, mein Zustand hätte sich jetzt so weit gebessert, dass ich den Grund meines Zusammenbruchs skizzieren und somit Anhaltspunkte zur Beseitigung des Übels geben könnte.
Der Arzt wurde gerufen und hörte mir gute zehn Minuten aufmerksam zu, schüttelte bei meiner Schilderung der Vorgehensweise des Konsuls nur den Kopf und blickte reichlich missbilligend drein, was mir Berge gab und den Rücken stärkte. Er steckte einer anbei stehenden Krankenschwester, die kurz später mit einem Schächtelchen mit zwei oder drei Pillen zurückkehrte, eine kurze Order. Ich schluckte diese brav hinunter

und ging dann mit dem sympathischen Arzt meinen Schlachtplan durch. Bis zu dem Zeitpunkt, an dem er eine Schwester abkommandieren konnte, um mir bei der Ausführung desselben behilflich sein zu können, durfte ich mich duschen, man stellte Zahnbürste und Paste zur Verfügung, frische Handtücher, und fand auch irgendwo Unterwäsche plus Socken. Nun war ich wirklich erholt, gut gelaunt und voller Tatendrang, dankte dem Team für die nette Behandlung und die unkomplizierte Hilfestellung. So weit ich mich erinnern kann, wurde ich weder nach Adresse noch nach Sozialversicherungsnummer gefragt, um für die Dienstleistung irgendwann einmal zur Kasse gebeten zu werden.

Es ging daran, den vom Arzt gebilligten und durchaus verständlichen Plan, dem Konsul ein Schnippchen zu schlagen, umzusetzen, da ich ein Mensch bin, der sich nicht gerne bevormunden lässt, der einiges dagegen einzuwenden hat, nur auf Grund einer nicht einhaltbaren gesellschaftlichen Konvention – Armut stellte im Brüssler Umfeld wohl einen Makel dar – einfach nach Belieben hin und her geschoben, verschickt zu werden.

Wir waren beim Schalter der DEUTSCHEN LUFTHANSA angelangt. Mit vehementer Unterstützung der mir zugeteilten Krankenpflegerin, die noch dazu in ihrer Arbeitskleidung sehr kompetent wirkte, forderte ich auf Grund der vom Konsulat unnötigerweise getätigten Buchung den Preis für den Flug zurück, bekam rasch und ohne gröbere Gegenwehr Bargeld. Die Stornogebühr fiel zu meinem Glück auch nicht sehr hoch aus, so, dass mindestens achtzig Prozent des für mich bestimmten Geldes erst in meinen Händen und dann in meinen Taschen landete. In dieser gehobenen Stimmung, endgültig frei von jeglicher Krankheit, flirtete ich mit der mich betreuenden Krankenschwester, die aber zu ihrem Job zurückkehren musste.

Ich nutzte meine nun gewonnene, gänzliche Unabhängigkeit dahingehend, dass ich mich ausführlich in den Läden am Flughafen umschaute, schließlich aber doch nur eine Stange Zigaretten und ein paar Zigarillos in einem der Shops kaufte. Dann wählte ich eines der Cafés, welches mir schon lange vorher auf Grund seiner weit in den Passagierbereich hinein gestellten Tische gefallen hatte, bestellte einen Cappuccino und ein Glas Hochprozentiges, um zu meiner weiterhin anhaltenden Entspannung hilfreich beizutragen. Dort saß ich recht lange und erwog dies und jenes, entschied mich dann dahingehend, die recht günstige Ausgangslage zu nutzen und nach London zu fliegen, da ich dort schon länger nicht mehr gewesen war und dies ein ganz exzellentes Abenteuer sein würde.

Gedacht, getan. Ich hievte mich aus dem gemütlichen Korbsessel hoch und begann, Erkundigungen über die nächsten Flüge und ein erschwingliches Ticket einzuziehen. Wirklich, da war doch glatt ein Schalter, wo ich Hin- und Rückflug um gerade einmal die Hälfte meines mir noch verbleibenden Budgets erstehen konnte, was ich umgehend tat. Ich war in meinem Element, ich liebe das Fliegen und das ganze Drumherum. So suchte ich mir den passenden Flugsteig, kam unbehelligt vom Zoll durch den grünen, den EUROPÄISCHEN KORRIDOR und beobachtete bestgelaunt, mich noch nicht endgültig in die Flugschleuse begebend, die bunte Menge der Passagiere, die Stewardessen und die Flugkapitäne. Ich war rundum zufrieden. Flugreisen sind immer wieder ein Erlebnis, vor allem, wenn man die Bestimmung selbst auswählen darf.
Den Stewardessen folgend, die mir freundliche und verständnisvolle Blicke gewidmet hatten, kam ich wohlbehalten im Flugzeug an und nahm den Sitz ein. Es dauerte nicht lange, bis sich die Motoren zu rühren begannen und das Gefährt vom Dock auf die Rollbahn hinausfuhr. Nach den üblichen Anordnungen, das Rauchen einzustellen, die Sicherheitsgurte anzulegen und die Telefone auszuschalten, legte der Kapitän einen gekonnten Take-Off hin. Wir zogen in einem steilen Winkel hinauf in die Lüfte. Mein guter Platz in der Nähe der Tragflächen bot einen tollen Ausblick auf die immer weiter sich entfernende Erde. Als wir unsere Flughöhe erreicht hatten, leuchteten die Schilder auf, welche das Öffnen der Sicherheitsgurte erlauben. Ich hielt mir kurz die Nase zu und glich den Druck aus, dann überwältigte mich wieder einmal das Gefühl, welches einen, der gerne fliegt, immer befällt.
Da der Preis für das Ticket recht günstig gewesen war, bot die Bewirtung gerade einmal ein der Fluglinie eigenes Getränk und zwei bleiche, lasch wirkende Sandwichs an, die aber gar nicht so schlecht schmeckten. Eine der Flugbegleiterinnen hielt aus Werbezwecken die Flasche mit dem Getränk hoch, damit alle Fluggäste das Etikett und somit den Fluglinienbetreiber erkennen konnten, womit sie zum Teil Beifall, zum Teil missbilligende Bemerkungen erntete. Ich fand diese Form der Anbiederung eher peinlich und beschäftigte mich alsbald mit wichtigeren Dingen.
So war es mir zum Beispiel enorm wichtig, meine emotionalen Anspannungen und Entladungen mit meinem Geografiewissen zu kombinieren und derart zu kanalisieren, dass ich mit einem mehrfarbigen Kugelschreiber meine Vision des gerade überflogenen und, in Folge, des noch zu überfliegenden Gebiets auf der Haut meines Unterarms und meiner Handfläche festhielt, eine dehnbare Landkarte zeichnete. Das Zentrum

lag zwischen Daumen und Zeigefinger, in Rot, breitete sich in alle Richtungen, hauptsächlich aber gegen den Ellbogen in blauer Farbe aus und enthielt Elemente in Grün. Ich erging mich im Gefühl des Zeichengeräts auf meiner Haut und erntete die Sympathien dafür, ein verstehendes Lächeln einer Flugbegleiterin, die mir anscheinend schon eine Weile über die Schulter zugeschaut hatte.
Das Konstrukt hatte bereits konkrete Formen angenommen, das angepeilte London ein roter Kreis mit einem schwarzen, darumgelegten Ring, die Themse eine blaue Schlangenlinie, das Umland grün. Ich trumpfte mit der Beweglichkeit der archetypischen Darstellung auf.
Eine Stimme aus dem Lautsprecher unterbrach die Betrachtung und unseren Flirt, in zwei Sprachen wurden die Passagiere über das angebrachte Verhalten bei einem – klarerweise unerwünschten Notfall – aufgeklärt. Die wenigen Stewardessen hatten natürlich allesamt Mehrfachfunktionen zu erfüllen, so lauschte auch ich, mangels meines vorherigen netten Gegenübers, den Ausführungen, wobei neben der richtigen Verwendung der Sauerstoffmasken auch das Vorhandensein einer Notlandungs-Grundausrüstung, zu kleinstmöglicher Form zusammengefasst, im jeweiligen Vordersitz preisgegeben wurde.
Wie viele der anderen Fluggäste war ich nun ein aufmerksamer Zuhörer, vergewisserte mich der oberhalb angebrachten Sauerstoffzufuhr sowie des Vorhandenseins des wunderbaren Kleingepäcks, welches im Falle eines Absturzes über dem Meer (und nur über dem Meer) unverzichtbare Dienste erweisen würde.
Ein paar weitere Flugminuten beruhigte mich die Existenz der zusätzlichen Sicherheitsvorkehrungen zu meinem generellen naiven Vertrauen in mein gewähltes Verkehrsmittel, doch mit Fortschreiten des Fluges – dem Festland hinter der sonnengefluteten Tragfläche und einer relativ unkomplizierten Ankunft am Flugziel – entgegen drängte sich immer mehr der Wunsch in den Vordergrund, das Notfall Equipment in meinen Besitz zu bringen, um ein ganz besonderes Andenken an das gerade hinter mich gebrachte Abenteuer zu besitzen.
Eine kleine Entschädigung für die billige Anbiederung, das eine Cola und die Brötchen.
Eigentlich entsprach das Entfernen dieser Notfallutensilien dem Fehlen jeglicher Vernunft, aber wenn die Fluglinie auf sich hielt, würde, eben vor dem nächsten Flug, die Vollständigkeit der Ausrüstung überprüft, noch dazu kam die geringe Wahrscheinlichkeit eines Absturzes über dem Kanal. Bezog man das Auftauchen von Raubfischen im Fall eines

Flugunfalls und eines Aufpralls in den kalten Fluten des Pazifiks in eine Wahrscheinlichkeitsrechnung mit ein, war die Nutzung der Ausrüstung durch einen Fluggast ziemlich gering, ein guter Versuch, die Menschen, die hier gebucht hatten, durch ein Überangebot lebenserhaltender Maßnahmen über eventuelle andere Unzulänglichkeiten hinwegzutäuschen.
All diese Gedanken rasten, mehr oder weniger in dieser Reihenfolge, durch meinen Kopf, mit dem Resultat, dass das Kästchen wenig später den Weg in die ausladenden Taschen meines Parkas fand.
Bald daruf leuchteten die Signallichter auf und wir wurden mit freundlicher Stimme gebeten, das Rauchen einzustellen und die Sicherheitsgurte anzulegen, da wir in wenigen Minuten zur Landung ansetzen würden.
Aus den wenigen Minuten wurde fast eine halbe Stunde, da wegen Schlechtwetters keine Landeerlaubnis gegeben wurde. Der Kapitän bat über die Bordlautsprecheranlage um Geduld, die er letztendlich mit einer äußerst gekonnten Landung, trotz regennasser Landebahn, belohnte, und dafür Applaus erntete.
Nach einer Minute des Hochgefühls, der Begeisterung über eine komplikationsfreie Landung – was die Wahrscheinlichkeit, das Notfallpaket jemals zu benötigen, noch weiter in den Bereich der Unwahrscheinlichkeit drängte – machten sich die Fluggäste daran, die Sitzreihen zu räumen und mit ihrem Hand- bzw. Freigepäck den Ausstiegen zuzustreben und sich des konkreten Bodens des Vereinigten Königreichs zu bemächtigen, in dem sie über die Ausstiegsschleuse den Gängen und Hallen des Flughafengebäudes entgegen drängten.
Ich selbst mischte mich unter das letzte Drittel der Auscheckenden, voller Freude, dass mir vorerst niemand mein Souvenir streitig machte, ließ mich einfach mit dem Menschenstrom forttreiben, winkte noch einer der freundlichen und verständnisvollen Stewardessen, die um den Flugkapitän geschart in ihre Quartiere oder eine der Caféterias verschwanden, um sich für den nächsten Flug bereit zu halten.
Letztendlich kam ich im Bauch des Gebäudes an. Ein magisches, paradiesisches Gefühl befiel mich angesichts der heimeligen und sauberen Wartenischen, der glänzenden Steinplatten, die den Boden zierten, der hell spiegelnden Konstruktionen aus Metall und Glas und der Bars, der Restaurants mit den polierten, dunklen Teakholzstühlen und Tischen, der Blumenarrangements und Glas- oder Silberschalen, die vor Zuckerwerk, Zuckerware, verlockenden Süßwaren, strotzten.

Ich griff, scheu um mich blickend, erst bescheiden zu, kostete hier und dort, und, als mir niemand auf die Finger klopfte, ein wenig beherzter, wurde der Sache aber bald leid, da mir die Zuckerware den Mund und den Magen verklebte. Noch dazu kam mir in den Sinn, dass ich hier eigentlich nur flanierte, eine alternative Möglichkeit auszuloten, aus dem Gebäude zu kommen, falls der „Grüne Korridor", der für die Bürger der Union normalerweise offen stand, zufälligerweise stichprobenartig kontrolliert wurde. Ich hatte keine Lust auf Schwierigkeiten wegen meiner unvollständigen Personaldokumente.
Feixend stellte ich fest, dass meine Taktik fehlgeschlagen war und ich mich höchst wahrscheinlich in Schwierigkeiten hineinmanövriert hatte. Noch dazu war mir schlecht. Ich trat aus dem Restaurant hinaus, mitten in den Trubel der Halle hinein, blieb erst einmal stehen, um ein Gesamtbild der Lage zu bekommen.
Durch mein Traumwandeln im Bann der feilgebotenen Süßigkeiten und des üppigen Angebotes in den Duty-free-Shops hatte ich es verabsäumt, mich an wichtigen Anhaltspunkten zu orientieren und in jedem Fall schnurstracks den „Grünen Korridor" anzusteuern – im Notfall eine Spontankontrolle auf der Toilette zu überbrücken, wo ich am ehesten ohne großartige Dokumentenkontrolle und ohne lästige Fragen bezüglich mitgeführter Waren abwarten konnte, das Königreich zu betreten.
Ich sah diesen Korridor wehmütig, als eine Option unter vielen, ziemlich genau auf der gegenüberliegenden Seite einer zentral gelegenen Durchgangshalle, von mir durch eine Vielzahl kleiner Schleusen, Drehkreuze, abgesteckter Korridore getrennt, als auch die auf einer Galerie angelegte Passage für irische Passagiere, was recht seltsam anmutete in Anbetracht der Zugehörigkeit der Insel zu den europäischen Bündnispartnern, andererseits nur zu verständlich war im Sinne des schon lange andauernden Konflikts der Iren mit den verpönten, gehassten Briten, deren Polizei grundlos Iren verhaftete, deren Gerichte Iren willkürlich verurteilte und deren Soldaten in der irischen Zivilbevölkerung unzählige unschuldige Tote hinterlassen hatten. Der hexagonisch aufgebaute, schlauchartige Raum war aller Wahrscheinlichkeit nach aus stabilen Metallgerüsten und Panzerglas erbaut, um im Falle einer Schießerei oder einer Bombendetonation den Schaden in Grenzen zu halten. Die Angst vor Anschlägen oder Vergeltungstaten der IRA saß tief in den Knochen der Nation, welche einst die halbe Welt unter das Joch der Kolonialherrschaft gezwungen.

Die Präsenz derartiger Sicherheitsvorkehrungen machte mir aber andererseits bewusst, das es hier Wichtigeres gab, auf das die Flughafensicherheit und die Polizei zu achten hatte als auf mich unbedeutendes Persönchen.
Ich hatte mich bereits durch so viele Situationen manövriert, durch derart viele Kontrollen geschwindelt, dass ich einmal davon ausgehen durfte, auch den Weg bis in den „Grünen Korridor" und weiter in Bereiche, wo niemand mehr nach meiner Identität fragen würde, zu schaffen.
So drängte ich denn vorwärts, schob da und dort Gepäckstücke beiseite, schlüpfte unter aufgespannten Bändern durch, überschritt einige Teppiche und gelangte ziemlich zügig über die Hälfte der zu bewältigenden Strecke in etwa der Mitte der Halle an. Durch mein rasches und unbehelligtes Vorankommen in meinen Absichten bestärkt, ging es schnell und ohne Komplikationen weiter. Ich erntete zwar wegen meiner Drängelei und Rempelei so manchen abfälligen Blick, hörte Schimpfworte an mein Ohr dringen und ließ diese unerwidert einfach abprallen, zog unaufhaltsam weiter.
So befand ich mich, obwohl es mir wesentlich länger vorgekommen war, nach kaum zehn Minuten, nur noch ein einziges, letztes Hindernis von dem angestrebten Korridor entfernt, der es mir erlaubte, unangetastet von internationalem auf europäischen, klarer definiert, britischen Boden zu gelangen, diesen zu betreten und zu beanspruchen.
Der Strom der Reisenden und ihrer Begleiter, des Boden- und des Luftpersonals hatte sich dementsprechend gelichtet. Ich bediente mich des freien Ausblicks, um einen Rundblick zu wagen, abschätzen zu können, ob irgendwo Gefahr lauerte, welche den letzten Teil meines Vorhabens zu vereiteln drohte, fand aber keine Anzeichen von Bedrohung, nichts, was mir verwehrte, auch noch die letzten paar Meter locker, spielerisch, tänzelnd zu überwinden.
Es stand nur mehr ein Drehkreuz mit Schranken in Hüfthöhe meinem endgültigen Übertritt im Wege, ich kramte in meinem Gedächtnis, wo ich eine ähnliche Vorrichtung schon einmal gesehen hatte und ob es eine Möglichkeit gab, diese mit Hilfe einer List zu übergehen, zu unterwandern, zu umgehen.
Zuerst fiel mir ein, dass ich mich bei meinem ersten Parisbesuch in der Metro mit einem ähnlichen Schleusensystem konfrontiert sah, es dauerte nur kurz, funktionierte an Hand von Beobachtung anderer Personen, die kein Geld für einen Fahrschein ausgeben wollten oder schlichtweg

keines hatten, da hatte ich mich schon, dicht an die vor mir passierende Person gedrängt, durchgeschummelt.
Hier würde eine ähnliche Taktik angebracht sein, irgendwie so ähnlich würde es auch hier funktionieren. Auch erinnerte mich die Vorrichtung an Drehkreuze vor Toiletten in Bahnhöfen, nur war kein Einwurfschacht für Münzen vorhanden.
Wahrlich rührte das Übel daher, dass weit und breit kein Mensch zu erblicken, der durch diese Sperre in den anderen Bereich des Flughafengebäudes überwechseln würde. Endstation, Ende meiner Hoffnungen, meiner Unternehmungen, des Abenteuers?
Mitnichten. Ich würde eben eine Weile warten, bis jemand kam, der vormachte, was sich ereignete, sobald man durch die Sperre trat. Dem zu Folge erging und übte ich mich in Geduld, versuchte möglichst unauffällig, auf meiner exponierten Position zu verbleiben, möglichst gelassen zu wirken und einen guten Eindruck zu vermitteln. Leider aber war die Wahrscheinlichkeit, dass hier reguläre Fluggäste auftauchen würden, gering.
Mit Fortschreiten der Zeit drang mehr und mehr in mein sich ernüchterndes Gehirn, dass ich einen bösen Fehler begangen hatte, indem ich kreuz und quer die verschiedensten Routen gekreuzt hatte, anstatt dass ich an einem Schalter verängstigt und höflich zugleich vorsprach und klagte, ich hätte mich verirrt, und hoffte, mit Hilfe eines der diensteifrigen Mitarbeiter einer der Fluglinien anstandslos in einen sicheren, mir genehmen und nutzbringenden Bereich gelotst zu werden.
Aber nein, ich hatte impulsiv und unbedacht gehandelt und mich somit in eine unangenehme Lage gebracht. Noch während ich mit mir selbst und der ärgerlichen Situation haderte, tauchte eine kleine Gruppe, bestehend aus einem Piloten mit einigen Stewardessen im Schlepptau auf, welche das Drehkreuz ohne zu Hilfenahme spezieller Hilfsmittel durchschritt. Es wurden weder Plastikkarten verwendet, noch eine bestimmte Zahlenkombination eingetippt. Die Crew zwängte sich schlicht und einfach lachend, plaudernd, scherzend, unbeschwert durch, unter zu Hilfenahme der Körperkraft, welche die Sperre weiterdrehte.
So gesehen, dachte ich, war ich richtig gelegen mit meiner Vermutung, dass man – wenn man keine Berechtigung zur Nutzung besaß – sich am besten dicht an die Person drängte, welche eben durchging. Man fing zwar konsternierte, oft sogar böse Blicke ein, jedoch das Ziel, der Zutritt, derÜbertritt an die gewünschte Örtlichkeit, war erreicht.
Meine Geduld und meine Laune waren ohnedies am Tiefpunkt ange-

langt, bis hin zur absoluten Gleichgültigkeit, was immer auch kommen möge, doch durch die eben erfolgte Vorführung war ich immerhin zu der Ansicht gelangt, auch unbehelligt passieren zu können und wohlbehalten an einer wichtigen Zwischenstation, die mir einen breiteren Handlungsspielraum einräumte, anzugelangen.
Ich gab mir den notwendigen Ruck, setzte mich in Bewegung und steuerte zielstrebig dem Drehkreuz zu, schob eine Hüfte nach vorne, weiter, bis ein erster Widerstand zu spüren, presste mich mehr und mehr dagegen, bis der Mechanismus sich in Gang setzte, die erste Stange nach vorne rückte und einrastete und die zweite mir in den Rücken drückte, mich antrieb, weiter zu gehen, ich die nächste mögliche Bewegung vollzog und das Hindernis in aufflammender Euphorie überlistet glaubte, als auf einmal die Hölle, die Strafe für mein unbedachtes Handeln über mich hereinbrach.
Die Ouvertüre dazu bildete ein hoher, schriller Warnton, der mir durch Mark und Bein fuhr und mich am Boden festnagelte. Alle Aufmerksamkeit schien sich nun auf mich Häufchen Elend zu konzentrieren, ich fühlte aberhundert Augenpaare auf mich gerichtet, vermutete das auch von verschiedensten Überwachungskameras und hoffte, nicht im Visier eines Scharfschützen zu sein.
Was ich nicht erwartet hatte – jedoch durchaus absehbar gewesen wäre – dass diese so harmlos und unscheinbar wirkende Anlage einen Metalldetektor eingebaut hatte, auch war mir nichts davon bekannt, dass ich einen Gegenstand bei mir führte, der aus diesem Material bestand – ich durfte schließlich nicht einmal Wohnungsschlüssel mein Eigen nennen.
Ich erstarrte in der Weiterbewegung, die gesamte Umgebung tauchte in Zeitlupe, in eine sehr zähe Abfolge von Bild- und Tonsequenzen, mein Blick fixierte einen Fluchtpunkt in weiter Ferne, in die ich mich in diesem Moment wünschte. In das sich einschränkende Feld der Wahrnehmung traten nun drei Uniformen und kamen langsam direkt auf mich, das vom plötzlichen Auftreten unerwarteter Schwierigkeiten paralysierte Wesen, zu.
Zwei Männer und eine Frau in den klassischen schwarzen Uniformen der englischen Polizei, die Kappen mit einer Borte aus einem Schwarzweiß-Karomuster versehen, näherten sich mehr und mehr und ließen die Hände an ihre Hüfte gleiten. Bald darauf starrte ich, fast ohnmächtig und regungsunfähig, in die Mündungen dreier Pistolen, war mit der entstandenen Situation total überfordert, hatte ich doch nicht die Spur von

einer Ahnung, was diesen Eklat ausgelöst, was ich bei mir tragen könne, was metallischen Ursprungs war und die fatale Situation ausgelöst hatte, und bot wahrscheinlich ein derart groteskes Bild, einen überaus verwirrten Eindruck, dass die Polizisten ihre ursprüngliche Verdächtigung eines das Land betreten wollenden Terroristen, eines explosiven Einzelgängers, einer ONE-MAN-HORROR-SHOW, dahingehend abänderten – da ich keine Bewegung vollführte, zu keiner fähig war im Angesicht dessen, da ich in der Angst vor den verletzenden Waffen resignierte, ihr Urteil revidierten und sich sichtlich entspannten.
Als ich dann, auf ihre Aufforderung hin, langsam nach vorne zu treten und mich auszuweisen, in einer annähernd korrekten Aussprache auf ihre Fragen nach meiner Staatsbürgerschaft, dem Grund meiner Einreise und anderen Dingen, antwortete, beschleunigte sich die in Zeitlupe getauchte Welt der Flugreisenden wieder, ein großes Aufatmen machte sich breit, ich selbst aber war wahrscheinlich der, der am tiefsten aufatmete.
Eine der ersten Amtshandlungen an mir und unter meiner tatkräftigen Mithilfe war, zu eruieren, welchen Gegenstand ich bei mir führte, der den Alarm ausgelöst hatte. Als wir die Leuchtrakete als Verursacher verifizierten, wurden die Polizisten noch einmal distanziert und setzten strenge Mienen auf. Als ich ihnen dann aber kurz zusammengefasst meine Probleme der letzten 48 Stunden veranschaulichte, sahen sie von weiteren Ermahnungen, gar von einem Vorgehen, einer Strafe hinsichtlich des Entwendens der Notfallausrüstung, meines Souvenirs, gegen mich ab und machten nicht einmal Anstalten, mich wegen meiner spärlich vorhandenen Personaldokumente zu belangen.
Letztendlich waren sie es, die hocherfreut, dass es hier weder zu einer gefährlichen Lage oder gar einer Eskalation gekommen war, mich sicher auf den begehrten Boden des Vereinigten Königreichs brachten, wo sie mich stehen ließen.
Die Notfallausrüstung hatte ich ihnen betreten und beschämt hinterlassen und sie gebeten, es der geschädigten Fluggesellschaft zurückzuerstatten.
Aller Belastungen befreit, platzierte ich mich in einer freien Nische einer geräumigen, ovalen Halle und zündete mir eine Zigarette an, deren Rauch ich begierig in meine Lungen sog.
Nach einer weiteren Zigarette und einem kräftigen Schluck aus einer Flasche Wodka, welche nahe lagernde Rucksacktouristen, als deren Herkunftsland ich Finnland oder Schweden vermutete, mir angeboten

hatten, kriegten sich meine flatternden Nerven wieder ein und ich wagte einen Rundgang durch diverse sich in der Umgebung befindliche Läden, wo ich in Zeitschriften schmökerte, mich an verschiedenen Gimmicks oder den Magazinen beigepackten Spielen, Programmen oder Filmausschnitten ergötzte.
Um eine der begehrenswerten Publikationen zu erwerben, reichte mein Geld nicht mehr aus, damit konnte ich gerade noch an den zahlreich vorhandenen Automaten Getränke oder Snacks, wahlweise Süßwaren – an denen mir vorübergehend jegliche Lust vergangen – ziehen und meinen Magen so beruhigen, bis er wieder einmal ordentliche Nahrung zugeführt bekam. Es wurde auch langsam Zeit, dass ich mich aus der Gegend in Richtung Stadtzentrum entfernte, nicht alleine deswegen, um mich dort ein wenig zu organisieren, eventuell eine Weile zu jobben, mich im Verkauf der in London gängigen Straßenzeitungen zu versuchen, und, wenn ich von der Metropole genug hatte, mich nach Schottland oder nach Irland durchzuschlagen. In jedem Fall, ungeachtet dieser verschwommenen Ziele, hatte ich vorher das Naheliegende und Logische zu tun und machte mich auf und daran, die U-Bahn-Verbindung ins Stadtzentrum ausfindig zu machen. Ich hatte das unbestimmte Gefühl, dass ich, trotz meiner ausgewiesenen Harmlosigkeit, noch der Überwachung unterstand.
Die U-Bahn zu finden gestaltete sich nicht all zu schwierig, war ich doch der Landessprache mächtig und konnte alle Schilder und Hinweise und Pläne lesen oder mich bei den dahin ziehenden Menschen nach dem richtigen Weg erkundigen. Bald stand ich an einem Zugang zu den Bahnsteigen, sah mich aber damit konfrontiert, den recht üppig angesetzten Fahrpreis für den Fahrschein nicht aufbringen zu können. Hindernisse aber hatte es bis hierher schon genug gegeben, und ich war unbeschadet aus jeder noch so eigenartigen Situation hervorgegangen. Ich machte mich kurzerhand daran, das Fahrgeld zusammenzuschnorren. Dies tat ich in freundlicher Art und Weise, ruhig und bestimmt, suchte mir aus dem steten Strom von Menschen die jüngeren Leute heraus, die entweder der pulsierenden Metropole zustrebten, sich darob in Hochstimmung befanden, noch dazu, da sie gerade eben erst angekommen waren, genügend Geld bei sich führten und in Geberlaune waren, vereinzelt auch bei Personen, die ich, wenn nicht direkt als wohlhabend, doch als mitten im Leben und mitten im Beruf stehend, einschätzte. Vom Alter her waren diese ungefähr gleich alt, die gleiche Generation wie ich und dieser Umstand schaffte die Voraussetzung für eine unkomplizierte Verständigung.

Alsbald befand ich mich im Besitz von genügend Münzen und kleinen, zwischendurch eingewechselten oder ergatterten Scheinen, dass ich mir die Fahrt ins Zentrum mehrere Male hätte leisten können, verspürte jedoch plötzlich keine Lust mehr, meine vorher noch gehegten Pläne umzusetzen. Irgendwie hatte ich resigniert und mich dazu entschlossen, ins Flughafengebäude zurückzugehen, mir dort mit meinem Geld ein Essen zu besorgen, das eine oder andere Getränk, noch eine Weile zwischen all den verlockenden Läden zu lustwandeln und bei Abflauen meines Interesses mein Rückflugticket nach Brüssel einzulösen.
Der Rückflug verlief angenehm ereignislos, ich unterließ es tunlichst, mich ein weiteres Mal am Notfallequipment zu vergreifen.
Brüssel selbst gab in meiner Lage nicht viel her, ich durfte auf keine Hilfe von Seiten der österreichischen Auslandsvertretung hoffen, suchte noch einmal die obskure Nächtigungsstelle auf, durfte noch eine Nacht dort schlafen.
Am nächsten Morgen saß ich im Expresszug, der zwischen Brüssel und Amsterdam mehrmals täglich, ohne Zwischenhalt, verkehrt und sich als für meine Zwecke optimal erwies, da der Schaffner mich erst am gewünschten Fahrziel des Verkehrsmittels verweisen konnte.
Amsterdam gefiel mir nun wesentlich besser als Brüssel. Der Strom von Touristen riss nie ab, oft traf ich junge Leute, mit denen ich in meiner Muttersprache reden konnte, und die mir gern etwas Geld, oder als Soforthilfe, Broodjes, Käse, Vanilla-Fla und Obst zukommen ließen. Wenn ich mich in Bahnhofsnähe oder an den Pforten des Rotlichtdistrikts herumtrieb, kamen alle möglichen Leute mit Anfragen, ob ich sie ein wenig herumführen und nach Möglichkeit in eines der Cafés geleiten könne, in denen es Haschisch und Gras quasi von der Speisekarte, aus dem Katalog, zu erwerben gab.
Meine Orts- und andere Kenntnisse brachten mir immer wieder großzügige Zuwendungen jeder Art und angenehme Nachmittage, an denen ich ziemlich breit in einer gemütlichen Ecke der aufgesuchten Coffeeshops abhing. Das Einzige, was mir fehlte, war ein ordentlicher Schlafplatz – nicht, dass ich kein Geld dafür aufbringen hätte können, nein, der Käsezettel vom Konsulat, die vermaledeite Grenzempfehlung, wurde weder in Jugendherbergen noch in extraordinären Absteigen akzeptiert.
Die ersten beiden Nächte suchte ich mir irgendwo im Stadtzentrum eine Nische, in die ich mich, bei niedrigen Temperaturen, durch mehrere Kleidungsschichten und Decken geschützt, hineinkauerte, allerdings brachte dies keinen erholsamen Schlaf, teils wegen der ungemütlich

einzunehmenden Positionen, andererseits kam es vor, dass Horden von Touristen, die bis in die frühen Morgenstunden abgetanzt hatten, lärmend durch die Gassen zogen und die intensive Kundgebung ihrer Lebensfreude mich aus meinem seichten Schlaf hochscheuchte.
Derart in der Nutzung meiner Erholungsphase gestört, rieb ich mir die Müdigkeit aus den Augen und bündelte meine Siebensachen, trollte mich zum Hauptbahnhof, wo ich mir erst einmal Zigaretten und das notwendige Kleingeld für einen Kaffee organisierte, mich dann so rasch wie möglich wieder verzog, um einen Konflikt mit der Bahnhofsaufsicht zu vermeiden.
Dann blieb eine lange und öde Durststrecke bis Mittag, die ich mehr oder minder planlos durch Gassen und entlang von Grachten zog, bis der Strom der Amsterdambesucher wieder über die Stadt hereinbrach und mein Geschäft langsam in Fahrt kam.
Selbstredend traf ich im Lauf der Tage auf andere Abenteurer, Aussteiger und Freaks, nach einigen Gesprächen und mit Hilfe einer geschulten Beobachtungsgabe fand ich heraus, dass einige von ihnen in U- oder S- Bahn Stationen nächtigten, die außerhalb lagen und weniger frequentiert wurden.
Sofern für mich Free-Baser und Crack-Raucher kein Problem darstellten, waren diese Orte der Nächtigung wesentlich zuträglicher, denn, erst einmal von der Gruppe akzeptiert, durfte ich dort ungezwungen einen freien Platz einnehmen, mein Haupt auf eine zusammengelegte Decke lagern und konnte im Schutz der Gruppe, abseits des Trubels, ganz gut einige Stunden durchschlafen. Es konnte auch durchaus sein, dass ich beim ersten Augenaufschlag einen Joint oder ein Blech angeboten bekam, ein paar kräftige Züge tat und gleich noch einmal, angenehm gedämpft, weiterdöste.
Das Problem einer Schlafgelegenheit war vorerst einmal abgehakt. Ich erledigte an den Nachmittagen meine Angelegenheiten und fuhr mit einem der späten Verkehrsmittel zum Treffpunkt. Oft investierte ich das Geld, welches für eine billige Absteige oder ein Bett in einer Jugendherberge draufgegangen wäre, in Mitbringsel, mal Getränke, ein anderes Mal in ein Stück Hasch.
Obwohl kein Kostverächter, hielt ich mich so weit wie möglich vom stetigen Konsum von Base, Crack oder Heroin fern, hatte also nicht den extremen Druck auf mir lasten, den viele aus dem Umfeld, in dem ich nächtigte, im Genick sitzen hatten, wenn der Stoff zur Neige ging.
Die nächsten drei oder vier Nächte schlief ich daher durch mehrere

Stunden hindurch, tief und fest, sorglos. Ich genoss das Gefühl des Gruppendaseins und fügte mich nahtlos in die Gruppendynamik ein, wenn es galt, den dort mehrmals am Tag obligaten Polizeikontrollen zu entkommen.
Dann, eines Tages, funktionierte durch eine Unachtsamkeit das bisher so tadellos erfolgreiche Frühwarnsystem nicht, ich wurde unsanft aus meinem Schlaf und reichlich wirren Träumen geweckt, in strengem Ton, in einer zwar nicht geläufigen, aber doch im Ansatz verständlichen Sprache aufgefordert, mich auszuweisen.
Da mir dieses anhand des in einer Mülltonne gelandeten Käsezettels des Konsulats schlechthin unmöglich war, wurde ich aufgefordert, mich aufzuraffen und ohne Schwierigkeiten zu machen, mitzukommen, in einen Kommandowagen einzusteigen, mit den Händen hinter dem Rücken und Handschellen um die Gelenke. Nun ja, eine Festnahme stellte zumindest keine Unbekannte in meinem so bunt gemischten Leben dar. Ich hatte keine Ahnung, wohin es nun ging, versuchte, durch die getönten Wagenscheiben auszumachen, ob ich einen Anhaltspunkt entdecken könne, ohne Erfolg. Es ging kreuz und quer durch die Stadt, an Hand der immer spärlicher werdenden Häuser und anderer Bauwerke war anzunehmen, dass es stadtauswärts ging, an die Peripherie.
Endlich hielt der Wagen. Das Gebäude, in welches ich verfrachtet wurde, war in einem nüchternen Baustil gehalten und grau, mit Gittern vor den Fenstern. Vorbei an einem Wachposten, durch ein oder zwei massive Türen, eine Treppe hinunter, um ein paar Ecken herum, direkt in eine recht geräumige Gefängniszelle, ohne Fenster, künstliches Licht. Die Handschellen wurden mir abgenommen, dann verschwanden meine zwei Begleiter, und die schwere Stahltür fiel ins Schloss.
Nun befand ich mich in einem recht nüchtern gehaltenen Raum, der sich jedoch durch seine Relation zu anderen Gefängniszellen, die ich in meinem nicht immer geradlinigen und gesellschaftlich konform verlaufenden Leben kennen gelernt hatte, reichlich geräumig, fast luxuriös im Gegensatz zu den in den letzten Wochen zur Verfügung stehenden Aufenthaltsorten ausnahm.
Es gab eine Pritsche mit einer festen Matratze, die mich an Turnmatten erinnerte, und auf einem in das Mauerwerk eingepassten Podest frische Decken und Polster.
In der Ecke eine uneinsehbare Klomuschel in typisch niederländischem Stil, ein Waschbecken, ein Spiegel. Dazu noch ein Stuhl und ein Tischchen, wo einige Magazine und Zeitungen lagen, eine Bibel in

Landessprache, was mir bei optionaler Suche nach Schutz und Halt, geistigem Beistand, Verstehens- und Interpretationsschwierigkeiten bereiten würde.
Während ich noch diese Eindrücke auf mich einwirken ließ, öffnete sich die kleine, in die Zellentür eingearbeitete Luke, ein Justizwachebeamter, der seinen Dienst versah und den Neuling nun kurz musterte, fragte mich, ob ich Hunger hätte. Er könne nichts Großartiges anbieten, da das Mittagessen schon ausgeteilt sei, aber ein paar Broodjes mit Käse, Butter und Wurst sowie Tee könne er organisieren. Ich dankte begeistert für das Angebot und fragte nach, ob er vielleicht zwei oder drei Schmerztabletten und einige Zigaretten zusätzlich besorgen könne. Zwanzig Minuten später hatte ich alles, was ein nicht gerade verwöhntes Herz begehrt, hörte noch einige Minuten Musik und schlief dann ein, schlief einen langen, unbeschwerten, friedlichen Schlaf bis in die frühen Morgenstunden, bis zur Frühstücksausgabe.
Das Licht ging an, aus dem in die Wand eingebauten Lautsprecher schepperte Musik, wenig später ertönte das Wecksignal und eine neutrale, weder freundliche noch unfreundliche Stimme forderte die Insassen zum Aufstehen und zur Wahrnehmung der täglichen, wenigen Pflichten auf. Ohne Eile verrichtete ich meine Notdurft, wusch Hände und Gesicht, machte meine Schlafstatt zurecht und, da sich weiter keine Ansprüche stellten, legte ich mich auf das gemachte Bett.
Ich döste unbeschwert vor mich hin, bis sich die Klappe an der Tür öffnete und mich einer der Dienst versehenden Wärter mit „Hei da, – opgestaan!“ aus meiner Ruhe riss und mich zu sich winkte. Alle seine Kenntnisse der deutschen Sprache zusammennehmend, teilte er mir mit, dass im Laufe des Vormittages ein Anwalt sich um meine Person bemühen würde und dass ich jetzt das Frühstück bestellen könne.
Im ersten Moment glaubte ich, mich verhört zu haben, oder dass er einen schlechten Scherz mit mir treibe, dann aber folgte die Frage, ob mir Kaffee, Kakao oder Tee genehm wäre und ob ich eher Deftiges, wie Schinken und Käse, oder Marmelade, Honig oder Nutella bevorzuge.
Ich sagte, dass es mir ziemlich egal sei, was er da heranschaffe, da ich nach wie vor an ein Schelmenstück glaubte, einen Streich, der mir gespielt werden sollte, auch, dass ich nicht besonders wählerisch war, aber Kakao war mir ein wirkliches Bedürfnis.
Gleich darauf erlebte ich die nächste Überraschung, da die Zellentür aufgeschlossen wurde und angelehnt blieb, allerdings mit dem Hinweis, dass es nicht ratsam sei, die Zelle unaufgefordert zu verlassen.

So in der Art: *Verhältst du dich korrekt und machst uns keinen Ärger, keine Arbeit, hast du von uns nichts zu befürchten. Wir helfen Dir auch mit zwei, drei Zigaretten aus. Der Umstand, dass du keine hast, ist uns hinreichend bekannt …*

Warum die Zellentür angelehnt blieb, wurde mir ein paar Minuten später klar, als der Frühstückswagen, das Flaggschiff der perfekten Werbekampagne für einen Aufenthalt im holländischen Knast, vorfuhr. Es hätte wohl zu lange gedauert, die darauf angehäuften Berge von Weißbrot, Vollkorn, Butter, Pasteten, verschiedenen Marmeladesorten, Honig, Schnittkäse, Wurst und Schinken und Riesenbehälter mit Tee, Kaffee oder Kakao durch die Luke zu reichen.

Ich hatte bisher eine ganz andere Form der Behandlung in Gefängnissen kennen gelernt, war einen Plastikkübel voll trübem schwarzem Tee oder eine schwarze Brühe gewohnt, die das edle Gesöff Kaffee beleidigte, lieblos von einem der Insassen, die durch Ausübung dieser Arbeit gewisse Vergünstigungen erfuhren, durch die Luke gereicht, sowie für jeden Gefangenen in der viel zu eng konzipierten Zelle ein Stück Brot in Form eines Viertellaibes.

So stellte ich mir vom Wagen weg, ohne Einwände, ein gefälliges, üppiges Frühstück auf einem Tablett zusammen, schleppte meine reiche Beute in das Zelleninnere, wo ich erst einmal ablud – und am liebsten geknurrt und Zähne gebleckt hätte, damit mir ja niemand meine Nahrung streitig machte – setzte mich, nicht beachtend, was um mich geschah, und griff herzhaft zu. Die nächste halbe Stunde war ich vollauf mit dem Verzehr dieser durch meine extreme Lebenslage lange entbehrten Köstlichkeiten beschäftigt, absolut desinteressiert an den Dingen, die auf mich zukamen. Als schließlich die Uniform in der Türe stand, kehrte ich langsam wieder in die Wirklichkeit zurück, die mir nach der Frage, ob ich denn noch etwas haben wolle, rasch wieder zu entgleiten drohte.

Durch erstauntes Zustimmen befand ich mich bald darauf im Besitz einer nicht minder deftigen Portion, und der Wärter, den mein Appetit amüsierte, organisierte mir freundlicher Weise einige Marlboro – offenbar die Marke holländischer Justizwachebeamten.

Da ich nicht mehr die gesamte angehäufte Nahrung schaffte, bunkerte ich einen Teil derselben. Da meine Tür nach wie vor offen, aber angelehnt, harrte ich der Dinge, die auf mich zukommen würden. Ein weiterer Beamter, auch nicht unsympathisch, jung, freundlich, kam mit der Botschaft, der Rechtsanwalt habe angerufen und entschuldige

sich, weil er sich verspäten würde, aber mir werde ein klärendes, Hilfe stellendes Erstgespräch zu Teil werden.
Ich dankte, legte mich, nachdem die Tür ins Schloss gefallen war, auf meine Liegestatt und schlief voll gefressen, beruhigt und zufrieden ein.
Mit der überreichen Verköstigung und dem momentan recht unbeschwerten Lebensstil ging ein absoluter Zeitverlust einher. Noch dazu war klar, dass mir nicht viel passieren konnte, ich hatte schließlich keine Straftat begangen. Ich suhlte mich in einem fast schwerelosen Zustand.
So tat sich bis zur Mittagszeit, zu der aus drei verschiedenen Menüs gewählt werden konnte, rein gar nichts, keiner weckte mich aus meinem Schlummer, der manchmal in eine Tiefschlafphase mit wüsten Träumen hinüberwechselte, mir blieb nichts zu tun, als das Mittagessen zu fassen, welches ich ohne Begeisterung aß, hatte ich doch noch vom exzessiven Frühstück die Hälfte unverdaut in meinem Magen. Das Kompott, welches es als Nachspeise gab, mundete jedoch vorzüglich und reizte meine Rezeptoren, stachelte sie richtiggehend auf, bescherte mir neuerlichen Appetit.
Den Saft des Kompottes verwässerte ich zu einem wohlschmeckenden Getränk, blätterte mich durch die Magazine und eine niederländische Tageszeitung, welche der Justizwächter mir gerade eben auf den Essenswagen gelegt hatte und die mich zumindest bezüglich des aktuellen Datums aufklärte, und rauchte andächtig meine letzte vorhandene Zigarette.
Eine Stunde später war es mit der Ruhe vorbei, die große Stahltür wurde lautstark entriegelt und aufgeschlossen, ein älterer Beamter blaffte mich an, ich solle mich ein wenig zurecht machen, da meine Rechtsvertretung in Kürze eintreffen werde und mir meine Situation und alle Optionen, meine Rechte erklären würde. Ich wusch Hände und Gesicht, bürstete Zähne und Haar und zupfte meine Kleidung zurecht, setzte mich in Warteposition auf meine Pritsche.
Wenig später kam wieder der jüngere Wärter, der seinen Dienst eher unkonventionell versah, winkte mich, zwecks Abkürzung der Verständigung zu sich, bugsierte mich durch ein paar Gänge, treppauf, treppab, hatte manchmal ein Schloss auf- und hinter sich zuzuschließen, bis wir im eigens dafür eingeplanten und eingerichteten Raum für Rechtsanwaltvisiten ankamen. Dort überließ er mich mir selbst. Der Anwalt gelangte mit einer weiteren Viertelstunde Verspätung ein, schlank, groß gewachsen, imponierend. Ich schätzte den streng und konservativ

wirkenden Herrn, schlicht, aber gut gekleidet, auf so an die vierzig Jahre und als jemanden ein, der leicht zufrieden zu stellen wäre, wenn ich mein Anliegen, insofern ich überhaupt eines formulieren konnte, möglichst rasch darlegte, mit ihm eine Lösung erarbeitete.
Er eröffnete das Gespräch, indem er mir zu allererst die schlechte Nachricht überbrachte, dass das Wochenende einer Veränderung der Umstände im Weg stehe. Dann hätte ich zwei Möglichkeiten, entweder einen Antrag auf Überstellung in ein Heim für Asylwerber, ein Flüchtlingslager, zu stellen, wo man meine Personendaten verifizieren würde und ich nach einer Woche bis zehn Tagen, mit einem vom holländischen Staat ausgestellten Ausweisdokument versehen, entlassen werden würde und im Land bleiben dürfe, sogar einen Anspruch auf finanzielle Minimalleistungen hätte, siehe da, anhand der politischen Spannungen, welche die aktuelle österreichische Politik nach sich zog, wäre ich fast zu so etwas wie einem Flüchtlingsstatus gekommen!
Die andere Möglichkeit, die mir offen stand, war, einer Abschiebung zuzustimmen. Eine nicht unangenehme Variante, da in diesem Fall der österreichische Staat die Flugkosten für die Heimführung aufbringen musste. Zwischendurch stellte der Rechtshelfer die Frage, ob ich korrekt behandelt worden war und es mir an etwas fehlen würde. Angesichts der recht positiven Erlebnisse der letzten vierundzwanzig Stunden Haft konnte und durfte ich mich nicht beschweren. Der Anwalt meinte, er habe jetzt einmal generell mit dem Justizwachebeamten zu reden, da keine zwingenden Gründe zur Haft bestanden, wenn man meine Person erst einmal identifizieren könne, was allerdings in Anbetracht des kommenden Wochenendes schwierig werden würde. Die zuständigen österreichischen Behörden seien am Freitagnachmittag nicht mehr erreichbar. Er sehe vor Montag keine Möglichkeit, mich auf freien Fuß zu bringen, ich solle allerdings gleich jetzt überlegen, ob ich für ungefähr eine Woche in das Auffanglager, mit Aussicht auf Personaldokumente und ein wenig Taschengeld wolle, oder ob ich es vorzog, auf Kosten der Republik Österreich nach Wien überstellt zu werden. Er gestehe mir eine Viertelstunde Bedenkzeit zu, welche ich dazu nutzen solle, mich für eine der beiden Möglichkeiten zu entscheiden, er lade mich auch gern auf einen Kaffee oder eine Cola ein. Wirklich nett und zuvorkommend, nur was ich wirklich begehrte und bei dieser mein weiteres Leben beeinflussenden Entscheidung dringend benötigen würde, war – die Zufuhr von Nikotin an das Nervensystem.
Ich fragte ihn daher, ob er mir, als Soforthilfe, bei den Beamten ein oder

zwei Glimmstängel organisieren könne, später dann, wenn er vielleicht eine Möglichkeit sah, dies als Spesen in sein Richtsatzhonorar einzubeziehen, mir für das bevorstehende, lange Wochenende zwei Packungen Zigaretten zu besorgen.
Ein Justizangestellter brachte mir Kaffee, Zucker, Milch und zwei der begehrten Nikotinzuträger, ließ mich gleich darauf mit meinen Überlegungen alleine.
Ich wog ab. Klar, die paar Tage in einer Durchgangsstation wären durchaus machbar, ich würde mich nach den langen Irrfahrten erholen, genug Essen, frisches Gewand bekommen und irgendwann am Ende dieses Zwischenspiels als freier Mensch existieren, den man auf Grund seiner neu erlangten Identität nicht mehr so rasch würde festnehmen können.
Andererseits war da aufgezeigt worden, dass ich auf Staatskosten, was ich mit einer fast kindlichen, boshaften Freude registrierte, nach Wien fliegen konnte. Die kurze Distanz über den Kanal und postwendend wieder retour wirkte auf mich auch nicht genügend sättigend. Zwei Jahre zuvor hatte ich mich dafür, dass ich in Stammersdorf bei einem Weingut Arbeit angenommen hatte, um meinen Willen zur Integration in die Gesellschaft zu bekunden (mich später auf Grund der unausweichlich eintrudelnden Lohnpfändungen mit dem Jungbauern im Einverständnis trennte), mit einem Flug in die holländische Metropole belohnt, das lag eine Weile zurück.
Ohne Plan und Ahnung, was ich in Wien anfangen sollte, wäre ich sicher in meiner damaligen Situation besser beraten gewesen, die Tage in dem Auffanglager zu verbringen, doch damals erschien mir dies eine zu lange Zeit, und im Hinblick auf die Verfahrensweise der österreichischen Auslandsvertretung entschied ich mich, auf Staatskosten in die Heimat zu fliegen. Das Einzige, was mir Sorgen bereitete, war ein ereignisloses Wochenende, wobei das Übel des Eingesperrtseins, verglichen mit dem, keine Zigaretten zu haben, als das kleinere erschien. Als der Anwalt, in Begleitung eines Uniformierten, zurück kam, teilte ich ihm meine Entscheidung mit, unterschrieb eine Vollmacht, damit er in meinem Namen alles in die Wege leiten konnte und nötigte ihm das Versprechen ab, mir zwei Packungen Zigaretten zu besorgen.
Es war inzwischen spät am Nachmittag geworden, und die Anstalt stellte sich auf Dienstübergabe ein, was eine reduzierte Mannschaft an Aufsehern bedeutete. Es wurde danach getrachtet, alles möglichst rasch über die Bühne zu bringen, daher ging es schleunigst zurück in die Zelle, die gleich nach meinem Eintreten verriegelt wurde. Zwei Stunden später

folgte man das Abendessen aus – einschließlich eines kurzen Grußes des Anwalts, zusammen mit der heiß begehrten Rauchware – und netterweise eines deutschsprachigen Taschenbuches, einem Schundroman, aus. Ich war dankbar und froh, dass der Rechtsvertreter Wort gehalten hatte, konnte ihm dies aber nicht mehr mitteilen.
Samstagmorgen spielte es wiederum ein gigantisches Frühstücksbuffet. Als dann zum Hofspaziergang geladen wurde, hatte sich das Gefängnis zwei weiterer Insassen angenommen. Ich hatte Gesellschaft beim gleichförmigen im Kreis Gehen im kleinen Spazierhof, bei dem man durch ein Metallgitter den bewölkten Himmel ausmachen konnte.
Da uns hier niemand beaufsichtigte, stellten wir uns in einer Ecke des Hofes zusammen und einander vor. Die beiden hatten, im Gegensatz zu mir, sich bei einer Straftat erwischen lassen und nicht die Gewissheit, im Laufe des herannahenden Montags auf freien Fuß zu kommen. Die beiden äußerten sich nicht darüber, weshalb sie hier her gelangt waren, höflichkeitshalber fragte ich auch nicht nach.
Einer der Leidgenossen, der Dunkelhäutige mit halblangen, pechschwarzen Haaren, aller Wahrscheinlichkeit nach Latino, zauberte plötzlich ein Säckchen mit einer ordentlichen Portion Gras als Inhalt ans Tageslicht, dazu lange Blättchen, mischte in seiner Handfläche das Marihuana mit einer Spur Tabak, fügte die Mischung in das Papier ein, versah das Konstrukt noch mit einem Filter und drehte alles zu einem Joint zusammen, welchen wir, in stiller Andacht und tiefe Züge inhalierend, zu dritt wegpafften. Ein paar Minuten später waren wir derart dicht, dass wir über jeden Unsinn lachten, kaum einen vernünftigen Satz hervorbrachten und wahrhaft Schwierigkeiten dabei hatten, aufrecht zu stehen.
Der Wärter, welcher die Aufgabe hatte, uns nach der zugestandenen „Freizeit" wieder auf unsere Zelle zu verbringen, amüsierte sich mehr über unseren Zustand, als dass er erbost, verärgert oder gar restriktiv gehandelt hätte, und konnte sich beim Anblick unserer Verfassung sicher sein, dass wir keine wie auch immer gearteten Schwierigkeiten machen würden. So war es denn, wir trabten lammfromm in die Unterkunft. Ich legte mich sogleich auf meine Liege, deckte mich mit der Überwurfdecke zu und pennte ein.
Nur einmal noch, als das Abendessen ausgegeben wurde, raffte ich mich auf, dieses entgegenzunehmen, verschlang einen Großteil davon mit einem wahren Heißhunger, ehe ich mich wieder dem Matratzenhorchdienst verschrieb.
Der Sonntag verlief ereignislos.

Die Nacht zum Montag wachte ich ein einziges Mal auf, hatte wirre Träume, doch als der Morgen kam, fühlte ich mich voller Tatendrang und Energie, würde es doch nicht mehr allzu lang dauern, bis ich geholt und zum österreichischen Konsulat chauffiert werden würde. Das üppige Frühstück ließ ich mir selbstredend nicht entgehen. Ich schmierte oder belegte mir einige Brote, für den Fall, dass man mich an Bord von den anderen Fluggästen separierte.
Nichts geschah.
Ich begann, die Zelle mit Schritten zu durchmessen, ging die Ränder, die Diagonalen, ab und wagte auch einen Kreis.
Im Radio waren schon vor einer Viertelstunde die Neun-Uhr-Nachrichten verlesen worden, es dürfte also auf halb Zehn zugehen. Ich hoffte, dass keine Komplikationen meine Abreise verhinderten.
Um zehn Uhr setzte sich die Zeremonie in Gang. Ich bekam, neben meinem gewaschen, sauber und frisch riechenden Gewand, frischer Unterwäsche, Socken und T-Shirt, nachdem ich eine Unterschrift geleistet hatte, meine spärliche persönliche Habe zurück sowie ein Säckchen mit Proviant aus festem, weißem Papier, wurde sanft am Ellbogen gehalten, durch mehrere Schleusen geführt und kam, als Zwischenstation, in einen Aufenthaltsraum, in dem sich ein Getränkeautomat und ein Automat mit Süßwaren befanden.
Der Beamte, welcher meine Aufsicht über hatte, erwies sich als großzügig und kramte ein paar Münzen hervor, damit ich mir ein Getränk und aus der breiten Palette der Naschereien etwas aussuchen und ziehen konnte.
Wenig später kam er in Begleitung eines Kollegen retour, der den Wagen vorgefahren hatte. Nachdem sie mir das Versprechen abgenommen hatten, dass ich mich ordentlich benehmen und keinen Fluchtversuch unternehmen werde, durfte ich ohne Handschellen auf dem Rücksitz des Polizeiautos die Fahrt genießen.
Der Knast lag, so konnte ich aus der Fahrzeit und meinen Wahrnehmungen schließen, ziemlich an der Peripherie, in einem der Randbezirke Amsterdams, da es gute zwanzig Minuten dauerte, bis wir in eine Gegend kamen, wo ich markante Gebäude, Straßenzüge oder Parkanlagen wieder erkannte, und noch einmal eine Viertelstunde, bis wir das Gebiet in der Nähe von Leidseplein und Vondelpark erreichten, wo die Konsulate angesiedelt waren.
Die beiden Uniformierten besprachen sich kurz, dann suchte der jüngere alle notwendigen Unterlagen zusammen und bedeutete mir, auszusteigen und mitzukommen. Als wir das Tor zum Vorgarten des

Gebäudes durchschritten, wurde mir klar, wieso man sich so viel Zeit gelassen hatte, ehe man sich meiner entledigte. Die Öffnungszeiten der Auslandsvertretung waren zwischen elf und dreizehn Uhr angesetzt, (so auf einer Tafel ersichtlich).

Im Vorraum drängten sich bereits einige Hilfesuchende, Antragssteller, Touristen, die man beklaut oder übervorteilt hatte. Hier wirkte sich die Präsenz einer Uniform dahingehend aus, dass wir zuvorkommend und in einer Art und Weise behandelt wurden, dass wir die ersten waren, die der weiblichen Auslandsvertretung, einer alten, abgeklärten, dezenten Dame, welche hier schon vor fünfzehn Jahren ihre Kompetenzen und Pflichten gewahrt hatte – ich konnte mich noch gut an SIE erinnern, verschwommen an den Grund, weshalb ich damals vorsprach – unser Anliegen vortrugen.

Diese fischte den Akt, das Schreiben des Anwalts und die von ihm gestellten Anträge, aus der Schublade, dürfte sich allerdings bereits zu einem früheren Zeitpunkt mit dem Inhalt vertraut gemacht haben, forderte von dem mich begleitenden Gesetzeshüter ein Foto, heftete dieses auf ein neuerliches Grenz-Laisse-faire, stempelte das Dokument ab und setzte ihre Unterschrift darunter. Dann sprach sie ein paar Worte mit meinem mich beaufsichtigenden Begleiter auf Niederländisch. Meine Kenntnisse dieser Sprache reichten bei weitem nicht aus, der Unterhaltung zu folgen. Ich selbst wurde von ihr gemahnt, diesmal wirklich nach Wien zu fliegen und auch dort zu bleiben, weshalb, erklärte sie nicht. Diesmal sei eine Person präsent, welche die ordnungsgemäße Abwicklung meiner Rückstellung auf das Peinlichste genau beobachten würde, und es wurde mir mit schlimmeren Repressalien gedroht, falls ich mich weigerte oder doch eine Form der Umgehung des nahe liegenden Heimflugs plante. In diesem Moment wurde mir mehr als klar, dass ich nicht die richtige Entscheidung getroffen hatte, dies war mir eine zu engstirnige und weltfremde Haltung, die aber, wie ich gleich darauf bemerkte, nicht ihre persönliche war, sondern eine vorgegebene. Zu guter Letzt schüttelte sie – nachdem mein Begleiter ein paar weitere Sätze in der fremden Sprache von sich gegeben hatte – den Kopf, bedauerte, dass manche ihrer Kollegen – sie bezog sich auf den Amtsinhaber in Den Haag – mit eben dieser Einstellung unangenehme Komplikationen heraufbeschworen, rechnete eine Weile, unter zu Hilfenahme eine Blocks auf ihrem massiven Schreibtisch, und schaffte es noch, mir fünfzig Holländische Gulden als Taschengeld für den Heimflug aus der Staatskasse abzuzweigen, bat den Beamten, dem

sie auch mein Flugticket – ein heimlicher, schneller Blick darauf sagte mir, dass ich mit der AUA fliegen würde – ausgehändigt hatte, auf dem Weg zum Flughafen an einem Laden anzuhalten, damit ich ein paar Kleinigkeiten kaufen könne.
Mit den genauen Daten bezüglich Abflugzeit und Flugsteig wurden wir entlassen.
Der Warteraum hatte in der Zeit, in welcher wir die Frau Konsul beansprucht, noch einige Bittsteller als Zuwachs bekommen, er war prallvoll. Bei unserem Anblick wichen sie respektvoll bis ängstlich zurück, wir durchschritten unbeeindruckt die sich auftuende Bresche, die sich hinter uns, unter heftigem Tuscheln, wieder schloss.
Beide belustigt über die Wirkung unseres Auftritts auf die Wartenden, verließen wir den Schauplatz und stiegen in den wartenden Wagen, nahmen den Flughafen Schiphol ins Visier. Vom derzeitigen Ausgangspunkt bis zu unserer Ankunft vergingen nur ungefähr zwanzig Minuten, da die Justizbeamten ziemlich helle waren, mitgedacht und errechnet hatten, dass die Fahrt einschließlich eines kurzen Zwischenhalts in einem Gemischtwarenladen nur kurz währen dürfe, denn das Flugzeug stand schon bereit und würde bald abfliegen. Beide begleiteten mich noch bis zur Schleuse, checkten mich ein und übergaben einer Stewardess das Flugticket, damit sie es mir erst dann aushändigte, wenn wir uns bereits in der Luft befanden.
Die Peinlichkeit, mit mir in das Flugzeug zu steigen und mich an meinen Platz zu geleiten, ersparten sie mir. Der Stewardess gaben sie noch ein paar Instruktionen, ermahnten mich nochmals, keinen Unsinn zu treiben, wünschten letztendlich einen guten Flug und rieten wohlmeinend, meine Angelegenheiten soweit in Ordnung zu bringen, dass zukünftig keine derartigen Missgeschicke mein Leben unnötig erschwerten. Hatten die eine Ahnung! Zu ihren Gunsten sei gesagt, dass sie sich während meines gesamten Knastaufenthalts bis zu unserem Scheideweg durchwegs entgegenkommend und hilfsbereit mir gegenüber verhielten.
Mit einem Bus ging es hinaus aufs Flugfeld, die Stewardess wies mir einen Platz zu, bald darauf setzten die Motoren ein, die üblichen Aufforderungen zum Anschnallen und Rauchen Einstellen kamen durch Lautsprecher und das Flugzeug rollte gemächlich zu der zugeteilten Startbahn. Dann schalteten sich die Turbinen zu, wir hoben ab, gingen in die Lüfte. Es war ein klarer Tag und der Steigflug und das Einschwenken in die Flugrichtung, wobei wir über das Ijsselmeer weg die Stadt überflogen, ein großartiges Erlebnis.

Der weitere Flug verlief ohne Besonderheiten und wir landeten ohne Komplikationen ungefähr ein einviertel Stunden später in Wien Schwechat. Während des Fluges hatte ich versucht, herauszufinden, ob es eine Person gab, die beobachtete, ob ich plante, meiner Abschiebung entgegenzuwirken, beantwortete mir die Frage zustimmend, hatte einige Anzeichen und Hinweise.
Im Ankunftsbereich übergab mir die Flugbegleiterin das gelöste Ticket und die Grenzempfehlung, wies mir dann den Weg zum Ausgang. Auch hier war man in Anbetracht des Zusammenschlusses der europäischen Staaten nicht mehr so streng bei den Einreisekontrollen, wenn der Flug aus einem zur Union gehörigen Staat ankam.
Ich war schon in der Nähe der Schalter, der Wartehalle und des Abgangs zur Schnellbahn, der Ausgänge zum Parkplatz angelangt, als ich von rückwärts scharf angerufen und zum Stehenbleiben aufgefordert wurde. Ein überaus diensteifriger Drogenfahnder, der zu dieser Zeit noch einen Teil seines Dienstes zusammen mit den Zollfahndern des Flughafens Schwechat versah, ehe man ihn ein paar Jahre später mit Schimpf und Schande in Pension schickte, forderte mich auf, mich auszuweisen und ihm ins Büro zum folgen. Selbst das Vorweisen des vom österreichischen Konsulat ausgestellten Ersatzdokumentes brachte ihn nicht von seiner Vermutung, seinem Verdacht ab, dass ich ein potentieller Schmuggler illegaler Suchtmittel wäre. Eingangs war ich zu verdutzt, um diesem Wahnsinn ein rasches Ende zu bereiten, und trottete brav hinter dem Herrn, der sich mir durch Zücken einer Blechmarke, die rotweißrot emailliert war und den Adler der Republik trug, vorgestellt hatte, folgte brav in ein kleines, nüchternes Büro, wo er erst einmal die auf mein Reisedokument geschriebenen Daten in den Computer übertrug, ein paar Notizen auf einen Block schrieb und mich aus den Augenwinkeln beobachtete.
Mittlerweile hatte ich mich so weit gefangen, dass ich auf die paar wenigen Fragen, die er zunächst stellte, ruhig und bestimmt antwortete. Ich ließ meinen Blick durch den Raum und die Wände entlang gleiten, an welchen sich diverse Auszeichnungen, Zeitungsberichte und theoretische Darstellungen der menschlichen Anatomie – im Querschnitt – reihten und mit einem dicken Filzstift markiert war, wo listenreiche Drogenkuriere ihre Ware versteckt haben könnten oder im Lauf der langjährigen Auseinandersetzung mit dem Thema solche gefunden worden waren.
Der Computer hatte mittlerweile alles Mögliche ausgegraben, was dem Polizeiapparat oder der Justiz über meine Person bekannt war, allerdings

lagen die Konflikte jahrelang, ein Jahrzehnt zurück, vielleicht hätte er besser daran getan, eine Entschuldigung auszusprechen und mich gehen zu lassen, doch nein, er ließ in seinen Vermutungen und Unterstellungen nicht locker und forderte mich auf, in ein Nebenzimmer, den Verhörraum, zu folgen.
Nun hatte er es geschafft, mich soweit zu reizen, dass all mein Unmut und die Kränkung durch diese Engstirnigkeit und Fehlannahme, ich führe kriminelles Handeln im Sinn, dass ich seine beleidigende und herabsetzende Anmaßung mit einer gewissermaßen nüchternen Verachtung und einer gewissen Spitzfindigkeit konterte.
Mit meinem blütenweißen Gewissen und der Sicherheit, dass man mir weder etwas vorwerfen noch nachweisen könne, konfrontierte ich ihn nach einigem Geplänkel, Hin und Her, dann mit der Frage, wie es denn von statten gehen möge, dass ein Mensch, auf der Straße nächtigend, aufgegriffen wird, ein langes Wochenende in Haft verweilt und den Rechtsanwalt um Zigaretten anbettelt, vom österreichischen Staat das nicht vorhandene Ausweisdokument durch ein Blatt Papier mit Personendaten ersetzt und aus Mangel an eigenen pekuniären Mitteln das Flugticket bezahlt bekommt, wie also bitte, die Logik, wo und wann habe dieser Hasch, Gras oder ähnliches angekauft und verpackt und dann am oder im Körper versteckt?
Der gute Mann scheiterte an den von mir vorgebrachten, sarkastisch gestellten Fragen, verzog angesäuert das Gesicht und behielt aus Willkür und Rache die Grenzempfehlung ein, ehe er mir unhöflich den Weg aus dem Büro und dem Flughafengebäude wies.
Eine Freundin, die ich vom Konsulat in Holland aus kurz anrufen durfte, stand schon nervös und ungeduldig draußen am Parkplatz und wir fuhren zu ihr.
Ich bediente mich gleich einmal am Kühlschrank und kochte für uns beide Kaffee, fragte sie ein wenig darüber aus, was sich während den letzten paar Wochen ereignet hatte. Sie war jedoch wenig gesprächig und telefonierte ständig wegen irgendeiner Änderung ihres Dienstplanes herum, bis sie eine Kollegin gefunden hatte, mit der sie den Nachtdienst tauschen konnte.
Wir einigten uns darauf, am Abend in die Stadt zu fahren und ein paar Lokale abzuklappern. Das kam mir nur gelegen, da ich mehr und mehr registrierte, dass zwischen meiner einstigen Partnerin und mir so gut wie gar nichts mehr lief und ich nicht vorhatte, einen langweiligen Abend in ihrer Gesellschaft vor dem Fernsehgerät zu verbringen.

Während sie sich für das Ausgehen herrichtete, suchte ich mir ein paar LPs, CDs und MCs, ein paar Zeichnungen und weitere Besitztümer, die ich bei ihr gelagert hatte, zusammen und schnürte sie zu einem kompakten Bündel.
Schließlich fuhren wir los. Sie parkte den schwarzen VW-Golf ziemlich zentral, so, dass zu fast allen Lokalen, welche wir gelegentlich frequentierten, nur ein paar Gehminuten blieben.
Im letzten Lokal, in dem wir landeten, traf sie auf eine ihrer Freundinnen, eine, mit der ich nicht sonderlich konnte. Diese hatte eine Gruppe studentischer Freaks im Schlepptau, die an ihren Lippen hingen und augenscheinlich für sie durchs Feuer gegangen wären. Ich warf ihnen einen bösen Blick zu und suchte mir angenehmere Gesellschaft, die ich beim amtierenden DJ und einigen Musikern fand, froh, dass sie sich gerade hier die Nächte um die Ohren schlugen und ich mir nicht die langweiligen und aufgesetzten Gespräche anhören musste.
Meine Bekannten besaßen klarerweise um einiges mehr an Feingefühl und bemerkten, dass ich in einer schlechten Verfassung war, unrund lief, mir die Abhängigkeit, für den Fall, dass ich mich darauf einließ, bei ihr zu wohnen, schwer zu schaffen machte, und auch der Kernpunkt der Angelegenheit nervte, dass sie all meine kreativen Ambitionen unterlief, nebenbei in einer fast hurenhaften Manier, ganz grobschlächtig, einige Typen aus meinem Freundes- und Bekanntenkreis anmachte und es früher einige Male geschafft hatte, dass mich – eine fast logische Reaktion – dies in Eifersucht versetzte und ein unnötiger Streit entstand oder ich darauf drängte, dass wir zu ihr fuhren – dorthin, wo sie mich haben wollte.
Ab dem Zeitpunkt, wo ich ihre Taktik durchschaut hatte, gelang es ihr schlicht und einfach nicht mehr, mich zu provozieren.
In dieser Nacht, wohl eher in den frühen Morgenstunden, nachdem ich geraume Zeit ganz gut ohne ihre Gesellschaft ausgekommen war, fuhr ich mit zu einem der Musiker, einem Schlagzeuger, mit dem ich einige gute Monate, ein paar schräge Aktionen erlebt hatte, pennte dort bis tief in den Nachmittag hinein und zog gleich weiter in den Proberaum. Dort traf ich wiederum auf alte Bekanntschaften, mit denen ich ein Stück meines Weges durchs Leben gegangen war, und auch in den angrenzenden Räumen spielten genug Leute, denen ich schon mehrmals begegnet war. Für fast zwei Wochen gab es nie Schwierigkeiten, einen Platz zum Nächtigen zu finden, die meisten Personen in meinem Umfeld waren nach kurzer Zeit in meine Problematik eingeweiht und

reagierten genau so angewidert wie ich auf die Versuche ihrerseits, mich dazu zu bewegen, wieder bei ihr zu wohnen. Sie tauchte des Nachts in Lokalen auf, in denen sie mich vermutete, befragte alle möglichen Menschen, von denen sie annahm, sie würden mich kennen, wo ich mich herumtreibe.

Diejenigen, die ganz genau wussten, wo ich mich gerade befand oder wo ich abhing, hielten lobenswerter Weise absolut dicht.

Ich erlebte eine kurze, erfüllte, wunderschöne Phase der Ungezwungenheit, unbeschwerte Momente und erfüllte Stunden, wenn ich den Leuten beim Musik machen lauschte oder mich aktiv beteiligte.

Der Schlagzeuger, mit dem ich intensiver als mit vielen anderen verkehrte, vermittelte mir einen Job als DJ. Ich schlug mich mit kleineren Bühnenaufbauarbeiten durch, bis ich alle meine Papiere zusammenhatte und in Folge dessen auch wieder Sozialhilfe beantragen konnte und zugesprochen bekam. Das war zwar, alles zusammengerechnet, für das Überleben genug Geld, aber die durch die Jahre angestauten Unannehmlichkeiten konnte man damit nicht bezwingen, keine Schulden bereinigen, und es würde der Tag kommen, wo ich selbst meinen besten Bekannten, sogar meinem besten, erprobten Freund zur Last werden würde.

So stieg ich in einer Winternacht erneut in einen Zug, der mich weit fort von alledem bringen sollte.

FEHLER IM SYSTEM

Schon wieder. Überall. Schmutz, Unrat, Grind, Gestank. Da hast du dich noch so bemüht, säckeweise Müll runter geschleppt, tagelang, wochenlang, den ganzen angehäuften Kram aus den Jahren, der Dir gar nicht gehört, zu dem du keine Beziehung hast, entsorgt. Dann hast du Dir eingestehen müssen, dass es jetzt zwar um einiges leichter ist, durch die Räume, von einer Ecke in die andere, zu gelangen, bei der Eingangstüre hereinzukommen, ohne dass sich irgendetwas sperrt, verkeilt und Dir das Teil gegen den Kopf oder gegen das Knie oder die Knöchel knallt, ein klarer Vorteil gegenüber den dahingegangenen Tagen, doch da bleiben noch immer eine ganze Menge Fragen und unangenehme Handgriffe, die Auseinandersetzung mit dem in jede Ritze, in jede Rille gekrochenen, ganz eigens definierten Schmutz, eine Substanz, die durch die Jahre deine Wohnstätte durchseucht hat. Hier ist der Punkt, an dem du zum ersten Mal resignierst.

Nein, das hast du nicht drauf. Da gehst du nicht durch.

So forderst du Hilfe an. Kriegst gleich einmal ein Angebot, welches du als Zumutung empfindest, ablehnst. Empört suchst du nach einer Alternative. Erzählst dein Problem in der Nachbarschaft herum.

Ja, da kenne ich einen, der macht das gut und korrekt und für einen angemessenen Preis. Soll ich gleich einmal losgehen und nachsehen, ob er zu Hause ist?

Wäre nett.

Während der nächsten Wochen kommt die helfende Hand mehrmals in deine Wohnung, schrubbt, bürstet, wischt, poliert. Der Geruch, der dich normalerweise empfängt, wenn du eintrittst, hat sich von abgestanden, aufdringlich und verbrauchter Luft gewandelt in ungewohnte Frische, angenehmen, mit scharfem Reinigungsmittel durchsetzten Duft. Doch dir stinkt es noch immer. Du fühlst dich zwar wohler in der ungewohnten Umgebung, gehst jetzt lieber nach Hause, doch da gibt es noch genug, mit dem du innerlich haderst. Das lässt sich nicht so einfach mit warmen Wassern im Eimer und Allzweckreiniger und Putzlappen entfernen.

Anwendung der Methode innerlich unmöglich.

Bitte bleiben sie an der Oberfläche.

Das sind die Jahre, die an dir vorübergegangen sind, in denen du nicht einmal eine kleine Mietwohnung, ein winziges Zimmer dein Eigen nennen durftest, die du in Gefängnissen, auf der Straße, in Männerheimen dahinvegetiert hast, wenn du Glück hattest, bei guten Leuten, mit Pech

bei ziemlichen Arschlöchern eine Zeit lang einen Schlafplatz fandest, du warst unstet, immer unterwegs, ohne auf der Suche zu sein, du hast die staatlichen Sozialleistungen nicht immer in Anspruch genommen, du hast ein paar gute Ideen in Geld umgesetzt, einige gute Jobs getan, bis dein Körper und dein Wille auf Grund der ständigen Unregelmäßigkeiten in deinem Leben nicht mehr mitspielte, da hast du dann die sozialen Mindestleistungen beantragt und monatlich abgeholt, hat Dir auch nicht weitergeholfen, hat dich zur Faulheit verführt, du hast dich mit Drogen bis an den oberen Rand abgefüllt, um nicht wahrzunehmen, wie beschissen es Dir eigentlich geht, du hast im Rausch ein paar gute Bilder gezeichnet oder gemalt, die du zum Spottpreis für die nächste Dröhnung verscherbelt hast, du hast getobt und geschrien und du bist schweigend in langen Nächten an den Tischen in Lokalen gesessen, weil du nichts mehr zu sagen hattest.
Viele Male bist du einfach in den nächsten Zug gestiegen, ohne ein Ziel zu haben, hast dich an eine Autobahn gestellt und den Daumen hochgehalten, um in ein anderes Land zu kommen, andere Leute kennenzulernen, du warst ein Kind der Windrichtungen und der Straße, lange Zeit, bis du einmal die richtigen Hebel in Bewegung setzen konntest, um sesshaft zu werden.
In den ersten Wochen und Monaten war es wie ein Traum, einen Platz zu haben, an den du zu jeder Tages- und Nachtzeit zurückkehren kannst, einen Ort, an dem du dich auf niemanden andern einstellen musstest als auf dich selbst, so etwas wie Privatsphäre. Manches Mal gewannst du den Eindruck, deine jetzige Situation sei eine Art Nebelfetzen, eine Chimäre, ein böser Streich, den man Dir spielen wollte, deine Befürchtung, man werde dich von einem Tag auf den anderen wieder vor die Tür setzen war dein ständiger neurotischer Begleiter, die kalte Angst im Rücken und dein Alb.
Nur langsam kamst du zu Ruhe und Vertrauen.
Dann kam die Zeit, in der wechselnd Leute bei Dir wohnten, die Dir neben Müll zurückzulassen auch noch die Butter vom Brot klauten, nur immer, auf deine Gutmütigkeit bauend, den eigenen Vorteil suchten und dich hintergingen, wo immer das möglich war.
Lange hat es gebraucht, bis der Entschluss gefasst war, dem ganzen Wahnwitz ein Ende zu setzen, den ganzen Raum für dich zu beanspruchen und auf die eine oder andere Art zu versuchen, dem bescheuerten Leben einen Sinn zu geben, oder den versteckten Sinn freizuschaufeln und ein wenig zufrieden zu sein mit dem Gegebenen, du bist auch nicht

anders als andere, je mehr sie haben, desto unzufriedener werden sie.
Wenn doch nur dieser Großputz, die lange fällige Generalreinigung das Einzige gewesen wäre, was notwendig, um die Behauptung aufstellen zu können, das Konstrukt hier taugt zum Wohnen, vorherrschend sind Notlösungen und Kompromisse und versteckte Defekte.
Du musst es akzeptieren, wie es ist, ansonsten drehst du irgendwann durch, du musst mit sachtem Selbstbetrug und kleinen Notlügen den Schein wahren, dass das alles erstrebenswert und lebensnotwendig, ansonsten kannst du gleich Feuer legen oder einen Sprengsatz und deinen Rucksack schultern und weiterziehen.
Dem allen ein endgültiges Ende setzen.
Du hast doch das demokratische Grundrecht der freien Entscheidung vom ersten Tag deines Lebens an zugesichert bekommen.
Du lebst in einer freien Welt.

VOR(W)ORT:

Der Zug hatte Verspätung.

Die Geleise brannten.

Meine Sitznachbarin drehte mir ihr Gesicht zu. Ganz kurz nur. Ich schaute glücklichen Blickes die Weiden und Wiesen, die Fülle, das Ergebnis.

Die Zeit hatte Verspätung.

OKTOBERERZÄHLUNG

Erklärung zur Phonetik: x wird gesprochen als (iks), 0 als Null und f als (eff). Weitere Erklärungen zum Datensatz x0ffffff im POST SCRIPTUM.

Ich werde dich jetzt verlassen.

X0ff.

Ein paar Zeilen zum Abschied schreiben, direkt in das Gehirn deines Computers, damit du mich nicht so schnell vergisst oder die Erinnerung an mich umgehend löschst.

f0xx.

Ich wiederum werde den Kontinent bereisen, jetzt, wo Grenzen verschwimmen, mit Menschen reden, lachen, schweigen, deren Konstrukte, Ideen, Vielseitigkeit und die Schönheit der Natur bewundern.

Die Wolken am Himmel bestaunen, meiner inneren Stimme lauschen, Kindern zulächeln, die Frauen und Mädchen näher an mich heranlassen, Kontakte knüpfen, Nähe suchen, Zärtlichkeit, Befreiung, Liebe.

Meinen Horizont erweitern.

Die inneren Blockaden lösen.

Ich habe gelernt.

x0ff.

Ich habe mir so manche Begriffe der Technik angeeignet, nutzbar gemacht, mir dienlich, Grundbegriffe gemerkt, informationstechnologische Eselsbrücken gebaut, weiß jetzt dieses Gerät, für mich nach wie vor nicht viel mehr als eine moderne Schreibmaschine, für meine Zwecke zu verwenden, ja/nein, ja/nein etc.

Ich habe mein Schulwissen kombiniert mit dem Wissen aus Büchern, Zeitschriften, dem Wissen von Besserwissern und Hirnwichsern, Fachleuten und Studenten der Materie.

x0ffffff.
Ein BIT, wie das Bier, eine Informationseinheit, eine Werbeeinschaltung, nicht länger als siebzehnkommadrei Sekunden.
Ein BYTE, komponiert aus acht Noten, ohne Dirigent.
Ein NIBBEL. Die Brustwarzen eines Mannes, noch vielmehr einer Frau, kleinfingerdick und der Welt entgegengestreckt, verlockend und …
x0ff.
Ich weiß, ich bin nicht exakt, gleite ab in das Unverständliche.
In den Urnebel, in das Unaussprechbare.
Mir fehlt der Zugang zu Daten, zu früheren Aufzeichnungen.
Abhanden gekommene Tagebücher, verlorene Information.
Ich schaffe es dennoch, eine achtstellige Telefonnummer von Personen aus dem Gedächtnis abzurufen, sollte ich diese einmal brauchen.
f0xxxxxx.
Fast wäre ich dein Freund geworden, fast.
Gut, ich kann es jetzt zugeben, ich habe deine Freundin gefickt, aber ich hoffe, es war dir bekannt, dass, wenn die Lust sie ritt, sie ihr Begehren in aller Öffentlichkeit kund tat.
Ich fand das ganz praktisch.
Ich kam schnell und gut und schlief dann, an ihren nackten Körper geschmiegt, ein.
Du hast mir irgendwie leid getan. Dein fragender Blick. Unsere Fröhlichkeit.
Fuck.
Ich begann dir Aufmerksamkeit zu schenken, Zeit, Nähe, dich als ihren Partner zu akzeptieren und zu respektieren, teilte Wohnraum mit euch.
Habe geholfen, die Bude aufzuräumen, bin einkaufen gegangen, habe eure Umgebung, Bekannten und Lokale kennen gelernt.
Ich anerkannte meine Armut und euren Wohlstand.
x0ff.
Ich habe dabei zugeschaut, wie ihr euch tagtäglich Unmengen Crack oder Base in die Lunge und ins Blut gezogen habt. Ich gab mich mit den Abfällen zufrieden, davon wird man auch schön high.
Ich kann glücklich sein.
x0ff.
Es ist Nacht. Ihr beide ruht in einem Nebenzimmer, im Bett, ihr seid vollgeturnt, breit, weg, bewegungsunfähig, gelähmt.
Der Fernseher läuft.

Dein Job frisst dich auf, was du sonst treibst, finde ich entweder zu durchschnittlich oder nicht gut, oder aber, mir fehlt einfach das Interpretationsmuster.
Das ist nicht meine Welt.
x0ff.
Der Bildschirm ist an.
Ich begebe mich in das Schreibprogramm, schreibe Dir diese Zeilen zum Abschied.
Deutlich, leserlich, definitiv.
In einem der Fachbücher finde ich ein Kapitel über Routinefunktionen.
Eine Schleife.
Ständige Wiederholung.
Ein paar Schritte, Befehle, Formeln.
Schnell und einfach programmiert.
x0.
Der Monitor blinkt sein phosphoreszierendes Warnsignal in den dunklen Raum.
Geisterhaft, rhythmisch, ekstatisch banale Scheiße.
x0ffffff.
x für x-beliebig, 0 für Zero, nada, njet.
f für Funktion.
f für Fantasie.
f für f…
f für …
f für Freiheit.
Und für ein letztes.
f für „Fick dich ins Knie."
Leise schließe ich die Tür und gehe.

POST SCRIPTUM:

X0ffffff ist ein BYTE, so wurde mir das als Laien in derart technischen Belangen erklärt, bestehend aus zwei HALFBYTES oder auch „NIBBELs", wobei x0 ein NIBBEL ist, der die Zahlen Null (0) bis Neun (9) vertritt, die 6-er Reihe von f´s besteht eigentlich aus den Buchstaben ABCDEF, welche den zweiten NIBBEL bilden. Aus diesen beiden Halfbytes sind Buchstaben, Zahlen und Zeichen im digitalen System darstellbar.
Seltsam? Aber so wurde es mir erzählt.

WEISZ – EINE EINGEBUNG

das weisz lag nun vor mir, bot sich an, unbefleckt, gänzlich rein, als körper, als oberfläche, umschlosz mich als raum, ich konnte dies nicht definieren, so jungfräulich stellte sich das weisz dar.
die quelle, von der es ausgesandt, blieb im verborgenen, das weisz war gleichrangig auch weiszes licht, welches den äther flutete und an ungreifbaren flächen reflektierte, ungetrübte, monochrome, unberührte pracht.
während der zeit, in der ich das weisz mit all den dafür geeigneten sinnen bewunderte, eingenommen fasziniert betrachtete, befiel mich der eigentümliche gedanke, dass der ursprung des weisz in mystischer, unbestimmter allgegenwart wurzelte.
unantastbar, in keiner weise beeinfluszbar, blieb das weisz unverändert, strömte aus in alle richtungen, weisze gleichmäszigkeit, erhaben, stolz und edel, kaum mit worten zu beschreiben.
ich schwelgte, ein nie verspürtes gefühl in mir, weiter in meiner wahrnehmung von weisz, ein weisz, ungewohnt, immerdar, fordernd und verlockend.
da regte sich mein bewusztsein und trug mir zu, dasz ich mich in tiefem schlaf befand.
kaum hatte ich diesen zustand erfahren, als neue wirklichkeit akzeptiert, zerrisz das weisz entlang der mitte, eine wunde tat sich auf, einem bühnenvorhang gleich.
aus dem dunkel dahinter wurde ein plastischer, bewegter, verwirrender traum geboren, der mich, als die ereignisse darin ihren höhepunkt erreichten, in einem albtraum eskalierten, schweiszgebadet aufwachend hochfahren liesz.
ich barg mein gesicht schutz suchend in den polstern, trocknete dann mein salzig feuchtes gesicht im frisch gewaschenen weiszen bettlaken, rauchte erregt eine starke zigarette und starrte noch lange an die weisz getünchte zimmerdecke.

DAS MEDIKAMENT

„Jeder Mensch hat das Recht auf Schmerzfreiheit“ (Weltgesundheitsorganisation, WHO 1995)

Das digitale Thermometer zeigte dreiunddreißig Grad Celsius an. Mein Gehirn marschierte im Gänsemarsch hinter den Füßen her. Da und dort verweilend, ertappte ich mich dabei, leichtsinnig gekleideten Frauen auf die Brüste oder die erregten Brustwarzen zu starren, doch eigentlich blieb ich lustlos.

Die Vormittagsstunden über hatte ich mich als Taglöhner verdingt, im Staub geschuftet, den Lohn erhalten und dessen Hälfte in ein Mittagsmenü beim Chinesen investiert, dann eine Packung PALL MALL erworben und mich, dumpfer Schmerzen im Fußgelenk wegen und eines Anflugs allgemeiner Unlust halber, mich in der Praxis meines Hausarztes zu einem Termin einteilen lassen.

Jetzt galt es, die Zeit bis dahin totzuschlagen.

Ich schlenderte also, oder soll ich sagen schleppte mich am Gehsteig entlang bis zu einer großen Straßenkreuzung und bog dort links ein, dem Gedanken im Hinterkopf nachgehend, den Waschsalon zu finden, der mir einige Tage zuvor bei einer Straßenbahnfahrt aufgefallen war.

Immer wieder sackte ich, der Hitze oder des Fehlens meines Medikamentes wegen, zusammen oder sah ein grelles Licht vor meinen Augen tanzen.

In der Nacht davor hatte ich, schweißbadend, von tausend flinken, mit Werkzeugen gerüsteten Händen geträumt, die eine gigantische Konzertbühne in die Höhe zogen.

Ich erholte mich aber immer wieder rasch oder blieb wach, da ich den starken Drang verspürte zu urinieren und schaffte die Strecke, vorbei an den Auslagen, deren Sonderangebote ich mir nie leisten würde können, bis zum Waschsalon, den ich in meiner lückenhaften Erinnerung viel näher geglaubt hatte, als er tatsächlich war.

Dort angekommen, erkundete ich das System, welches über einen Öffnungsmechanismus bei Geldeinwurf die Waschmaschinen frei schaltete. Der Eingabeschacht für Geldscheine jedoch war defekt, die zurückgelassene Wäsche resignierter (...) Benutzer schimmelte hinter den Glasscheiben vor sich hin.

Mit der Gewissheit, an diesem Ort nie meine Wäsche zu waschen, drängte ich ins Freie und meinen Körper in die Ecke einer Haltestelle und dämmerte dort eine Weile.

Auf keinen Fall wollte ich zur gleichen Zeit mit zwei Polizisten und den sie begleitenden Bediensteten der Verkehrsbetriebe in den ankommenden Wagen einsteigen.
Ich nahm den nächsten Schienenwagen, nachdem ich durch einen Supermarkt gestolpert war, eine Getränkedose aus dem Kühlschrank erworben und deren Inhalt begierig in meinen Schlund gegossen hatte, und stieg an der Kreuzung aus, an der das Thermometer seine Daten gelb in den Nachmittag blinkte.
Ich gab meiner Lust auf Eiscreme nach, bearbeitete diese mit der Zunge, betrat ein Haus und stieg Treppen hinauf.
In der Ordination lümmelte ich mich in einen der Stühle, warf einen kurzen Rundblick auf die anderen Kranken und blätterte gelangweilt in einem Wochenmagazin.
Eine vertraute Stimme rief meinen Namen, ich ging auf eine weiße, halbangelehnte Tür zu, der Hausarzt reichte mir die Hand, erkundigte sich nach meinem Befinden, hörte kurz zu, grinste und verschrieb mir, neben ein paar anderen Pillen, das Medikament, dem mein Verlangen galt.
Er füllte hierzu einen Vordruck aus, unterschrieb diesen, überreichte ihn mir und entließ mich aus der Sitzung.
Glücklich trabte ich auf die Apotheke zu, händigte die Verordnung dem Apotheker aus, der einige Zeit in den zahlreichen Regalen seines Reichs kramte, ehe er alle Posten zusammengestellt und in eine Plastiktüte gepackt hatte, die er mir mit einem Kopfschütteln übergab.
Höflich, aber bestimmt, bat ich um ein Glas Wasser, erhielt Wasser in einem Plastikbecher, suchte die begehrte Schachtel, drückte eine der länglichen Tabletten durch die Folie aus der Verpackung und zerbiss sie. Dies tat ich, um die Wirkung des Medikaments zu beschleunigen, welches ansonsten über einen längeren Zeitraum hinweg den Wirkstoff an den Körper abgeben würde.
Den bitteren Geschmack und die bröseligen Reste im Mund schwemmte ich mit dem Wasser hinunter, dankte und verpisste mich in Richtung U-Bahn, stieg ein und fuhr bis zur Endstation, erreichte mit einem Fahrstuhl die Oberfläche der Welt, sah die Kirche, querte eine Straße, schlenderte am Markt vorbei auf das Gebäude zu, in dem ich wohnte.
Die Hitze staute sich im engen Raum, ich öffnete ein Fenster und kehrte den Staub durcheinander, trank einen Schluck Leitungswasser und nahm eine zweite Tablette ein.
Dann zog ich die Bermudashorts an, die mir auch als Badehose dienten, und latschte, mit Haltungsschwierigkeiten, zur Schnellbahn, die ich

zwei Stationen weiter, an der Station Strandbäder, verließ. Über die Böschung hinuntertorkelnd, okkupierte ich einen freien Platz zwischen den bereits hier lagernden Badegästen, genoss den Anblick nackter Frauenoberkörper, drehte mich ein paarmal um die eigene Achse und spielte mit meinen Zehen.

Die Sonne brannte mit letzter Kraft in den Tag, und obwohl ich mich in den Wassern der Donau kühlte, fing mein Blut an zu kochen und transportierte die Wirkstoffe des Medikaments rascher als gewohnt ins Gehirn.

Alsbald lag ich ziemlich träge in der Wiese. Um meine Umgebung nicht restlos zu verunsichern beziehungsweise wegzupennen, fischte ich einen Block und einen mehrfärbigen Kugelschreiber aus der mitgeführten Umhängetasche, schrieb einige Seiten mit Beobachtungen und Betrachtungen voll und kritzelte Skizzen von Köpfen, Körpern, Bäumen und Mülleimern.

Als ich mich wieder einigermaßen handlungsfähig fühlte, versank die Sonne hinter sanften Hügeln.

Ich packte mich zusammen und schaffte irgendwie unbeschadet den Rückweg, genoss das kühle Treppenhaus und durchsuchte den Kühlschrank nach Köstlichkeiten. Nichts findend, drehte ich eine Zigarette und legte mich zu Bett.

Die Luft im Raum war vollkommen überhitzt, daher fiel es mir schwer einzuschlafen, und ich döste eine Weile vor mich hin, fuhr hoch, als mir die glühende Spitze der Zigarette die Haare und die Haut der Brust verbrannte, und starrte gähnend ins Dunkel.

Ich drehte das Licht an, griff ein Buch, las eine Menge Buchstaben, ehe ich feststellte, dass ich den Sinn des Gelesenen nicht erfassen konnte oder aber die Langeweile mir einen Streich spielte, da es mein einziges Buch war und ich dessen Inhalt bereits kannte.

Gegen Langeweile hilft es manchmal nur, zu essen.

Ich suchte eine Dose mit gefüllten Paprika aus meinen spärlichen Vorräten, stanzte mit einem Werkzeug ein Loch in den Deckel und schnitt das Blech den Rand entlang mit dem Taschenmesser auf. Ich setzte die elektrische Herdplatte, die auf einen umgedrehten Kübel gestellt war, in Gang und stellte die Dose auf die kleinere der Kochplatten.

Irgendwie verfiel ich in Gedanken, die sich mit traumähnlichen Bildern mischten, vergaß den Hunger und bemerkte die Existenz der Dosennahrung erst wieder, als der gelbliche Saft überlief und zischend auf der Kochplatte verdampfte. Ich drehte diese ab, besprang mein Bett und schlief schnell und sanft ein.

GRIND ALS GRUNDSATZ

ich wache auf. aus der nacht ist mir ein schaler, öder geschmack im mund geblieben, ein zäher schleim aus unmut und frustration, der mir das atmen schwer macht und von vorne herein die süße im leben verdirbt.
in den augen wütet eine fast überlaufende mischung aus im wasser gelöstem natriumchlorid, ein schleier, ein nebel, der den blick trübt. über diesen umstand fast blind, gurgle ich versehentlich mit geschirrspülmittel und blubbere, keines anderen ausdrucks fähig, eine weile vor mich hin.
verärgert greife ich zum antitränenspray.
mit den fingerkuppen zwinge ich meine bleischweren augenlider auseinander, spüre ein stechen, während die chemie die tränen aus meinen augen vertreibt und diese blau, kalt und hart werden.
anschließend an diese prozedur schlüpfe ich in das am vorangegangenen abend lässig abgestreifte und schlampig weggelegte gewand, es ist seit wochen ein- und dasselbe. jetzt noch die durchgetretenen schuhe angezogen und meine höhle zugesperrt, die treppen hinunter und bei der hausmeisterin mit einem schelmischen lächeln und einer neuerlichen vertröstung und ausrede geld für die dringend begehrten zigaretten ausgeborgt.
dann ziehe ich stadteinwärts.
in meiner umhängetasche trage ich nur die wirklich notwendigen kleinigkeiten mit, meine schreibutensilien, das karierte, schwarze notizbuch und die tägliche ration jener medizin, welche mir die ärzte verschrieben haben – geeignete portionen in kanülen abgefüllt – und ohne die es mir äußerst schwerfällt, die klippen des alltags zu umschiffen.
ich habe kein vorgefasstes, bestimmtes ziel, lasse mich vom wind und meinen eingebungen treiben und lande schließlich bei der mit höchster künstlerischer inspiration getarnten müllverbrennungsanlage.
ein enormer schlot jagt rauchwolken in den verschwommenen stadthimmel, rauch und ruß, welcher in feinen flocken alsbald auf die erde hernieder schwebt.
leicht, leichter als schnee.
nach einer kurzfristigen betrachtung dieses pseudonaturschauspiels und einigen unfruchtbaren ausflügen in die welt des philosophierens, mangels besserer aussichten, binde ich meinen arm mit einem lederband ab, warte, bis sich die vene deutlich unter meiner haut abzeichnet und jage die injektionsnadel durch meine äußere hülle, bis die vene diese umfängt, blut in den kolben strömt und drücke durch.
einen bruchteil von einer minute später versinkt der tag in schwarz.

GRUNDLEGENDE FRAGEN DER LITERATUR ...

Letzten Donnerstag zog ich mit herunterhängenden Mundwinkeln und von Falten durchfurchter Stirn um die Häuser in meinem neuen Wohnbezirk. Die Menschen, die mich näher oder als ganz passablen Anrainer kannten, fragten besorgt an, was mir derart Qualen bereite.

So berichtete ich denen, die trotz der aufkommenden, immer lähmender sich ausbreitenden Sommerhitze mir ihr Ohr liehen, mit ordentlicher Wut im Bauch und einem gerechten Zorn ob der allgemeinen finanzpolitischen Misere in Europa und im Speziellen der Ergebnisse meiner Recherchen, was die Vergabe von pekuniären Mitteln aus den Töpfen der Kunst- und Kulturförderung betraf, die zu einem Löwenanteil in verwaltungstechnischen Institutionen versickerten und nur zu einem verschwindend geringen Bruchteil direkt an die Kulturschaffenden ausbezahlt wurden, von meiner ganz persönlichen Niederlage, dass meinem Antrag auf ein Staatsstipendium für Literatur – wobei ich aufgrund der eingereichten Unterlagen mir doch eine Fünfzig-zu-fünfzig-Chance eingebildet hatte – nicht stattgegeben worden war. So weit die Eckdaten meiner miserablen Laune.

Bekam eine Menge an ehrlichem Bedauern und aufmunternde Worte zu hören, auch ernsthafte Ermahnungen, jetzt bloß nicht aufzugeben, das Selbstmitleid keinesfalls die Oberhand gewinnen zu lassen. Den gut gemeinten Rat, mein offensichtliches Talent nach Abklingen des schlimmsten Ärgers weiter zu pflegen.

Einer dieser wohlmeinenden Menschen kramte sogar in der psychologischen Trickkiste und vermerkte, ich solle die Nichtbeachtung bei der Subventionsvergabe als Bestätigung meiner Sonderstellung im literarischen Betrieb werten.

Es liegt durchaus im Bereich des Wahrscheinlichen, dass die aus der Sahara über die Gebirge heraufziehende brütende und stagnierende Hitze einen bedeutenden Anteil an der innerlichen, seelischen Verstimmung hatte, die mich befiel. Nach einigen Tagen mit rasch wechselnder Laune und geringfügigen, nicht eskalierenden Schüben von Wut und schließlich einer Einladung zu Bekannten zu einem Atelierfest im Burgenland, wo ich mich recht wohl fühlte, stundenlang im gerammelt vollen Proberaum Session, Improvisationen und Eingebungen auf der E-Gitarre spielte, mich nebenbei herrlich und ordentlich, nach Jahren der Abstinenz, verleitet vom derben, aber belebenden Geschmack des Weißweines –, einer Sorte, die kein gängiger Veltliner, eher ein Cuvée aus den hier angebotenen

Weißweinsorten zu sein schien –, besoff, war ich so gut wie geheilt von dem mir widerfahrenen Missgeschick, befreite und distanzierte mich Stunde für Stunde weiter von der Umklammerung der Frustration.
Schließlich gelangte ich an dem Punkt an, mir die Freude an Ausdruck und Mitteilung in Form niedergeschriebener Zeichen und Zeilen zu vergegenwärtigen, dachte an die vielen Jahre, die ich meiner Bestimmung, meiner Mission, meinen Ambitionen schon nachging, die Veröffentlichung eines wunderschönen Gedichts, welches in einer Hamburger Straßenzeitung Aufnahme fand, wofür Zeilenhonorar bezahlt worden war; erinnerte mich an jene Kurzgeschichte, die Monate später in einer Anthologie eines jungen Verlegers, eines Studenten, der im Begriff war, mit Freunden und Kollegen einen Kleinverlag zu gründen, gewürdigt wurde, die Lesungen im *Mojo Club,* bei regionalen Kulturvereinen, in allen möglichen Wiener Vorlesestätten, bei der Leipziger Buchmesse, in einem anarchistischen Café in Berlin, in der *Kapu* in Linz und an zahlreichen weiteren Auftrittsorten.
Zudem schoben sich hartnäckig Bilder vor mein geistiges Auge, welchen Menschen, ja Persönlichkeiten ich bei meiner direkten Konfrontation eines nach Aspekten der Bildung, aber auch der Kaufkraft selektierten Publikums begegnet war; angefangen beim damaligen Bundeskanzler Wolfgang Schüssel, einer ORF-Produktionsleiterin, die dann auch samt Kamerateam in meiner winzigen Wohnung auftauchte, dem damals aufstrebenden und heute in diversen Print- und elektronischen Medien verankerten Thomas Rottenberg, der mir im *Standard* einen gehörig ausführlichen Artikel widmete. Ich erinnerte mich an das abgeklärte und geistig verfettete, träge Republikbürger durch Provokation erziehende Duo Stermann und Grissemann, den obersten Leiter der Literaturabteilung im Bundesministerium für Unterricht, Kunst und Kultur, Robert Stocker, welcher seit damals mein stets recht knapp vorhandenes Budget durch gezielte Förderungen aufpäppelt, und nicht zuletzt an die Ikone der grünen Bewegung, Alexander Van der Bellen.
In einem Lokal im ersten Bezirk traf ich einen Kabarettisten, der nach einer grantigen, nicht allzu menschenfreundlich orientierten, kurz gehaltenen Vorrede gegen die bevorstehende Übergabe dann doch einen kleinen Schein springen ließ.
In den Gefilden des regelmäßig aufgesuchten *MuseumsQuartiers* einmal sogar dem mittlerweile in die Vereinigten Staaten ausgewanderten und damals von Freunden sowie seinem Wiener Manager begleiteten Gottfried Helnwein.

Dazu gab es in wechselnden Abständen private Förderer, denen einfach mein Konzept gefiel.
An meiner Wand hängt, vorübergehend von einer Klarsichtfolie geschützt, ein Farbausdruck einer DIN-A4-Seite, welcher zwei von meinem verstorbenen Freund Chris Tomo aufgenommene Fotos zeigt. Auf dem oberen bin ich mit Volkstheaterdirektor Michael Schottenberg zu sehen, der meine erste Buchveröffentlichung gut sichtbar in Richtung Objektiv hält. Darunter eine im Rahmen einer Führung des Projekts *Armutsgrenzen* – mit dem Herrn Direktor und Regisseur als begnadeten Vortragenden – in der Garderobe entstandene Aufnahme mit Andreas Vitásek, den wir, hinter die Gruppe zurückgefallen, dort zufällig trafen und am selben Abend später noch in seinem Einpersonenstück *39,2° Celsius*, leider von einem schlechten Platz weit hinten im Etablissement aus, beklatschen.
Viele selbst organisierte Veranstaltungen, die Mitgestaltung von Medien und des kulturellen Schmelztiegels Großstadt kamen mir in den Sinn und damit verbunden die unbestreitbare Tatsache, dass mir der direkte Weg meines Vertriebs schier unendlich Publikum bot und genug Geld für einen aufwendigen, vielen verrückt und aberwitzig erscheinenden, mir aber angemessenen, nicht gerade gesellschaftskonformen, riskanten Lebensstil einbrachte. Diese Einsicht steht eventuell im krassen Gegensatz zu den in einem Interview preisgegebenen Informationen. Mag das ein erzählerischer Kunstgriff sein, der nicht einmal in einer nüchtern und sachlich gehaltenen Selbstanalyse auszuschließen ist –, er relativiert sich letztendlich dort, wo der Grad der großzügigen Zuwendungen den Grad der Selbstzerstörung bestimmt.
Später die Vernetzung der Kultur, viel redaktionelle Arbeit, die einen fixen Teil meines Lebens beansprucht.
Bezahlt wurde die langjährige Entwicklung letztendlich auch von den Menschen, die für meine literarischen Exponate spendeten, ich möchte die freiwillig von diesen gegebenen Finanzmittel daher weder hinterfragt noch registriert oder versteuert sehen.
Ehrenamtliche Kulturarbeit zieht hunderte von unbezahlten Stunden nach sich.
Die Zeiten, zu denen ich täglich tourte und oft astronomisch anmutende Umsätze lukrierte, sind ohnedies im Hier und Jetzt nicht mehr relevant.
Ein weiterer mir bekannter Journalist, der die Veröffentlichung meiner als Buch zusammengefassten literarischen Handgaben in Form einer

Presseaussendung bekanntgab, kolportierte gern: *Wolle man mich heutzutage treffen, brauche man ausreichend Sitzfleisch.*
Die Ausgaben für gewisse Rauschmittel haben sich inzwischen gegen null reduziert.
Das Material des Mannes, der mit seiner Präsenz über ein Jahrzehnt in deutschsprachigen Ländern das großstädtische Treiben mitprägen durfte, hat sich gewandelt.
Heute führt er in der Umhängetasche Literaturmagazine und – ergänzend – minimale Buchbestände von heimischen Kleinverlagen mit sich, die er seiner Kundschaft anpreist.
Zudem gönnt er sich Raum für Experimente und Ausflüge in andere mediale Gefilde.
Die Selbstzerstörung hält sich somit in Grenzen.
Ein anspruchsloses Leben ist weitgehend mit der monatlich auf einem Bankkonto eintreffenden Grundsicherung zu bestreiten.
Ja, die Literatur hat mir schöne und interessante Aspekte des Lebens eröffnet und eine gewisse Freiheit, mich im deutschsprachigen Raum vielerorts aufzuhalten.
Die mehr als zwei in Hamburg verbrachten Jahre wären ohne das Niederschreiben meiner Gedanken und Gefühle, meiner Reflexionen persönlicher Erlebnisse und gesellschaftlicher Entwicklungen schlichtweg unmöglich gewesen.
Dort wollen wir uns jetzt einmal hin versetzen, an einen beliebigen Wochentag, noch während der Spanne des Nachmittags. Die erste Tour ist schon abgehakt, war gut im Schnitt und hat mir erlaubt, alle Versuchungen zu kosten; jetzt aber klingt der Rausch ab und es tritt so etwas wie Normalität ein, Gewohnheit, im Gemisch mit dem Spiel, welches ich da treibe, um wieder an umsetzbares Kapital zu kommen. Was die Punks und Alternativen von gegenüber, dem autonomen Zentrum *Rote Flora,* zum Kapital zu sagen haben, ist in diesem Moment für mich nicht von Belang, obwohl auch unter ihnen Abnehmer meiner Texte sind; jetzt konzentriere ich mich mehr auf die wohlhabendere Seite der Straße und der Gesellschaft.
Doch jene ist, ganz gegen meine Erfahrungswerte, heute ziemlich spärlich frequentiert. Wo sind all die Leute hin?
Aufgrund der außergewöhnlich hohen Temperaturen und des ungewohnt lang anhaltenden Schönwetters hinaus an „den Strand", wie mir alsbald ein Ortskundiger erklärt, und ich solle mich noch eine Weile gedulden, in ein, zwei Stunden sei alles hier wieder beim Alten. So lange

kann und will ich nicht warten und fange systematisch an, mein „Revier“ abzugrasen. Ebenso karg wie die Zahl der Gäste in den verschiedenen Lokalitäten ist die Ausbeute, sind die Einnahmen, obwohl ich ruhig, höflich, konsequent bleibe, wohl wissend, dass dies die Grundlage meines Geschäfts ist. Auch wenn sich in drei oder vier Lokalen gar nichts erreichen lässt, einmal kommt der Punkt, an dem ich für mein Engagement belohnt werde.

Bereits beim *„Café ohne Namen“* angelangt, einem Ecklokal, wo ich mit dem jüngeren Bruder des Besitzers, der nebenan ein Nachtlokal mit Musik betreibt, befreundet bin, ist die Ausbeute meines Treibens reichlich gering und viel zu wenig, um mich wieder in einen angenehmen Zustand transferieren zu können.

Erster Ärger macht sich breit. Ein langsames, aber heftiger werdendes Entfernen von meinen Prinzipien setzt ein. Ich maule, stänkere, lästere, wehre ab. Somit bleibt auch bei den nächsten zwei Stationen der Erfolg aus. Ich bitte mir eine Zigarette aus, kaufe eine Dose Cola und verdrücke mich in den Schatten eines Durchgangs, der in einen Hinterhof führt. Dort versuche ich, mich zu sammeln und wieder in einen mein Ansinnen fördernden Zustand zu gelangen. Plötzlich fällt etwas rasch durch mein Gesichtsfeld, zu rasch, als dass ich es erkennen könnte, schlägt am Boden auf, springt hoch, fällt wieder, hüpft noch einmal und kullert dann im Kreis, ehe es zitternd auf der Stelle liegen bleibt. Ich bücke mich, hebe das Teil auf und identifiziere es eindeutig als eine für die Gegend typisch in Plastik verschweißte Kugel Koks. Gekicher lenkt meinen Blick auf ein in die Durchfahrt stechendes vergittertes Fenster. Ich sehe einen mir bekannten Dealer, bei dem ich guter Kunde bin und der mich so weit durchschaut, um zu begreifen, dass in meiner momentanen Lage mein Geschäft nicht läuft, und der mit dieser kleinen Gabe meine Motivation insofern anzukurbeln trachtet, dass ich später, nach getaner Arbeit, bei ihm meinen Einkauf tätige. Ich bedanke mich mit einer Geste, trinke mein Cola aus und klappere gleich die Tische des nächsten Lokals ab, welches auf meiner Strecke Richtung Reeperbahn liegt. Bekomme ein paar Münzen, gut. Zudem klingt die Hitze ab, und die Gehsteige füllen sich. Meine Laune ist nun zwar gehoben, aber nach wie vor nicht die beste.

In diesem Zustand findet die mir ewig lang in Erinnerung bleibende Begegnung statt, bei der es mir gelingt, aufgrund meines getrübten Wahrnehmungsvermögens und der erhöhten Sensibilität der Person, welche meine übersteigerte negative Haltung spürt und mir postwen-

dend als Spiegel vorhält, mich selbst elegant aufs Glatteis und das Terrain der Peinlichkeit zu führen.
Ich steuere auf das Meeresfrüchterestaurant nebenan zu, einen konservativen Gastronomiebetrieb, welcher meiner Ansicht nach halt auch ein paar Tische und Stühle zur Expansion auf dem Gehsteig drapiert hat, damit die stinknormalen Leute Anteil an der besonderen Atmosphäre des Viertels bekommen. Mache mich, anstatt locker und bereit für eine gewählte, freundliche Ansprache zu bleiben, auf einige Abfuhren gefasst. Mein nervöser Blick fällt auf den kahlen und gepflegt polierten Hinterkopf – im allerersten Moment assoziiere ich „Skinhead", wohl wissend, dass Skins mit Ausnahme ein paar weniger Linker (auch so eine für Normalsterbliche kaum nachvollziehbare Polarisierung) hier unerwünscht sind – einer Person, die mit gute Laune und Kichern versprühenden, modisch aktuell gekleideten jungen Frauen an einem Tisch sitzt und eine komische Assoziationskette auslöst, die in ihren Annahmen und Eindrücken jedoch nirgendwohin führt, das Vorurteil zwar einbezieht, aber als unpassend befindet, eine Konfrontation ahnt, aber noch nicht, dass diese vor allem die mit der eigenen Unzulänglichkeit sein wird. In ein Wirrwarr von Eindrücken und Gefühlen verstrickt, meine Position wie angewurzelt beibehaltend, ein wenig auf Distanz, stelle ich den Gästen die Frage, ob sie mir selbst gedichtete Texte gegen eine Spende abnehmen wollen.
Die Antwort kommt von dem Menschen, den ich bis jetzt nur aus einem sehr einseitigen Blickwinkel gesehen habe. Mich treffsicher analysierend und durchschauend, mit wohlgesetztem Sarkasmus, unterschwellig spottend und ganz bewusst betonend, stellt er mir die Gegenfrage: „Lyrik oder Prosa?"
In dem Moment, als ich den Weltbürger und Schauspieler Alexander Goebel erkenne, stottere ich, gierig auf die Spende, ein durch seine Fragestellung fast erzwungenes „Prosa" hervor und komme mir, da ich begreife, vor jenem Künstler zu stehen, der im Musical *The Rocky Horror Picture Show* den Riff Raff verkörpert und mit *„Der nackte Wahnsinn"* lange Zeit die oberen Plätze der österreichischen Radiohitparade belegt hatte, reichlich dämlich vor, dass ich mich derart fehlleiten, manipulieren und durchschauen habe lassen.
Da sitzt doch, spontan angetroffen, ein erfolgreicher Künstler. – Nun, die Musicalbühne ist kaum zehn Gehminuten entfernt. Dies lässt mich eine mir bekannte Lebenseinstellung erahnen, ich kriege mich langsam wieder ein.

Vor seiner Menschenkenntnis erwächst ein enormer Respekt, so lehrt mich das hier geschilderte Erlebnis eine Lektion über vorgefasste Meinungen und Ansichten.
Der Disput oder die Spannung zwischen dem Star und mir ist auch an den anderen Tischen nicht unbemerkt geblieben, was noch zwei weitere Personengruppen dazu bewegt, mir Texte gegen eine Spende abzunehmen. Dann mache ich mich, innerlich noch reichlich aufgewühlt, davon.
Nur beim vegetarischen Laden mit dem großen Gastgarten, kurz nach dem Pferdemarkt, packe ich mein Zettelwerk noch einmal aus, da hier gut abzusahnen ist.
Schließlich gelange ich bei der Kreuzung an, wo sich die Davidwache befindet, biege ab in den kleinen Park, wo ich einige Dealer vermute, und decke mich gleich mal ordentlich ein.
Ein Druckraum ist ums Eck, ich hole mir eine Nummer, komme rasch hinein, suche mir diverses Injektionsbesteck, schön verpackt und steril, setze mich an einen der Tische zu mir bekannten Leuten und mache mir einen Schuss an.
Dann fällt mir das Geschenk ein, ich mische es mit dem nächsten Briefchen H zu einem Cocktail. Das letzte Päckchen behalte ich bis kurz vor der letzten Tour des Abends, die großartig und sehr einträglich läuft, tauche diesmal ziemlich früh bei Michael auf, in dessen Bruchbude ich gegen Abtreten eines Teils meines Stoffes einen Schlafplatz bekomme.
Wir verbringen einen netten Abend, da auch er gutes Dope besorgt hat.
Der Von-Tisch-zu-Tisch-Vertrieb, die Kolportage selbst geschriebener Literatur, ist ein Vordringen in das Herz der Gesellschaft, gibt Einblick in die soziopolitische Existenz eines im speziellen Fall relevanten und repräsentativen Teils der Gesellschaft, erfasst dessen momentane finanzielle Lage und das urbane Lebensgefühl.
Ebenso ist er Wahrnehmung der eigenen agierenden Person, wobei ein recht großer Anteil der konfrontierten Menschen Sympathien für das Engagement des Künstlers hegt.
Selten kommt es vor, dass dummdreiste, noch nie direkt mit einem überlebensfähigen Künstler konfrontierte Einzelpersonen sich mit einer unhöflichen, unangebrachten Ansage als der Klientel nicht zugehörig qualifizieren.
Das Bad in der Menge und ein mittelmäßiger bis guter Umsatz bei einer Tour stärken eindeutig das Selbstwertgefühl und mögen sogar therapeutische Aspekte aufweisen.

Nur selten erfolgt eine – meist in sehr kurzer Zeit abzuklärende – Konfrontation mit dem in gewissen Zentren tätigen Sicherheits- oder mit neu rekrutiertem Gastgewerbepersonal, da die Pächter der einzelnen Lokale die Direktkolportage dulden oder ihr sogar einen dem Flair der Örtlichkeit zuträglichen Charakter zusprechen.
Der so tätige Künstler ist dem soziokulturellen Leben in der Großstadt eine wesentliche Würze!
Mit der Erfahrung entwickelt er Feingefühl dafür, welchen Gruppierungen gerade das Geld locker sitzt.
Es kommt vor, dass Anfragen bezüglich des Verfassens von gedichteten Geburtsgratulationen eingehen, ein ganz besonders persönliches Geschenk für das Geburtstagskind angefordert wird, dann sind rasches Fabulieren und Formulieren und handwerkliches Können keinesfalls von Nachteil.
Jahre später habe ich Alexander Goebel im Zuge von Filmaufnahmen für eine Dokumentation über meine künstlerischen Aktivitäten auf der Terrasse der Halle E, in welche das *Rocky-Horror-Picture-Show*-Ensemble übersiedelt war, mit einem Freund, Kollegen oder dem Regisseur des Spektakels speisend, noch einmal getroffen.
Ganz professionell, locker und abgeklärt, richtete ich mich erst einmal nach der Vorgabe der Lokalbetreiber, die – eigentlich selbstredend – lautet, Gäste, welche dinieren, dabei nicht zu stören, und begann am Nebentisch meine Vertriebstätigkeit. Spulte meine Eröffnungssequenz ab, erklärte kurz mein Produkt und dessen Nutzen, die Besonderheit und den Inhalt; überzeugte, wurde entlohnt und nahm die Energie gleich mit zum nächsten Tisch. Ein Literaturmagazin nach dem anderen fand seine Abnehmer. Nachdem ich auch den letzten Winkel des Plateaus abgegrast hatte, machte ich mich daran, zu gehen und mich wieder mit dem Kameramann zu treffen, den ich bei den Treppen neben den Ausstellungsräumen vermutete.
Alexander Goebels Appetit hatte sich nun auf anderes verlagert, denn er winkte mich zu sich und wollte erfahren, was hier angepriesen wurde und offensichtlich seinen Absatz fand (mit ein Grund für die Lokalbesitzer, die Präsenz zu akzeptieren?) und ob das auch für ihn relevant wäre.
Fand vielleicht auch bei ihm ein Wiedererkennen statt?
Er wurde von mir ausreichend und detailliert zur Sache informiert, gab sein Plazet und mir den geforderten Preis, den ich für ihn wiederum als Spende auslegte.
Ich beeilte mich nun, zum Freund mit der Kamera zu kommen, überfiel

ihn mit der Frage, ob er diese Szene, in der mir der Musicalstar das Magazin abnahm, im Kasten hätte. Er tat so, als ob er diesen gar nicht wahrgenommen hätte. Bis heute bin ich nicht dazu gekommen, das Filmmaterial zu sichten und zu überprüfen, ob dieses Zusammentreffen festgehalten vorliegt.
In jedem Fall haben mich diese Erinnerungen, gemeinsam mit einigen sehr angenehmen Kolportage-Abenden in dem neu gewachsenen Areal rund um den Yppenplatz, in meiner Ansicht bekräftigt, meine Art der Kulturvermittlung auch in den kommenden Jahren fortzusetzen. Immer waren verschiedene Faktoren wie der Umfang meiner künstlerischen Projekte, deren Durchführbarkeit, die Höhe ihrer Subventionierung sowie mein gesundheitlicher Zustand bestimmend für meine Einschätzung der Akzeptanz und der Reaktion aus dem Publikum.
Das Angebot wird um eine Vielzahl höchst eigenwilliger und interessanter Publikationen erweitert; und falls es mal nicht nach meinen Vorstellungen laufen sollte, gibt es in den Revieren der Bourgeoisie und der Boheme noch immer den verkaufstechnischen Kunstgriff, der darauf abzielt, dass sich niemand aus deren Reihen eine Blöße geben will und die Einstiegsfrage: „Haben *Sie* Interesse an Literatur?“, so gut wie nie mit „*Nein*“ beantwortet wird.
Dieser Kunstgriff schützt eigentlich ausreichend vor einem pekuniären Desaster, mit welchem der Dichter und Denker in seinem Werdegang ohnedies zu oft kämpft.

HELI BLAUSACKS SACKRATTEN

Meinen sechzehnten Geburtstag hatte ich in Form einer reichlich wilden und verrückten Feier hinter mich gebracht, bei der mir mein Busenfreund Anton wie so oft in letzter Zeit die Krawatte mit einer eilig und heimlich organisierten Schere abschnitt und diese mit Siegesgeheul, mit Ketchup und Mayonnaise drapiert, auf einem Teller öffentlich zur Schau stellte.

Sie endete damit, dass ich neben das Bett der Kellnerin gelagert, in die ich hoffnungslos verknallt war, und die mir als ganz persönliches Geschenk eine Flasche Hochprozentiges, geschmückt mit einer rosa Schleife, geschenkt hatte, meinen ersten Joint rauchte, mich übergab und einschlief.

Am folgenden Samstagmorgen wachte ich verkatert und viel zu spät auf, strich die letzte Schulstunde und machte mich daran, mit dem Zug nachhause zu kommen.

Die erste Erfahrung mit Dope war durchaus als unangenehm einzustufen. Doch gleich das nächste Erlebnis, bei dem ich mit einem Freak, den ich bisher nur einige Male im verpönten, berüchtigten Lokal DORIAN GRAY wahrgenommen hatte, in der Toilette des Pendlerzuges einen sandigen, gelblichen Libanesen durch eine Vorrichtung rauchte, die aus einem Apfel und einer Tabakpfeife gebaut war, belehrte mich, dass man auch zwei Meter über dem Boden fliegen konnte.

Das besorgte Gesicht meiner Großmutter, die den Enkel fast jedes Wochenende erwartete, amüsierte mich in unbestimmter Weise, ich hatte durchschaut, dass sie versuchte, anhand meiner Haltung und meines Gesichtsausdrucks auf meine schulischen Erfolge oder deren Gegenteil zu schließen, ich musste mich zurückhalten, nicht lauthals herauszulachen.

Meine aberwitzig gewordenen Sinne im Zaum zu halten und mich nicht zu verraten war denn auch die wichtigste Aufgabe beim Mittagessen, während dessen sie mich durch die permanente Nachfrage über meinen Verbleib während der vorangegangenen Nacht nervte.

Ich war froh, als ich endlich in meinem Zimmer verschwinden konnte. Dort griff ich mir umgehend das Doppellangspielplattenalbum von PINK FLOYD, THE WALL, welches mir meine am Freitag angereiste und nun auch anwesende Mutter zum Geburtstag geschenkt hatte – ohne im Geringsten daran zu denken, was die darauf wiedergegebenen Texte in der Verbindung mit der düsteren, psychedelischen Musik bei mir auslösen könnten –, legte das schwere, spiegelnde Vinyl auf den Plattenteller, drehte an den Einstellungen für Bass, Mitten und Höhen und fuhr die Lautstärke hoch, glitt hinüber in die Welt des PINK. Die von der Rille transportierte Botschaft verunsicherte mich schwer und schürte meine Abscheu gegen Krieg und Unterdrückung, Despoten und Zwang.

Gerade bei „ANOTHER BRICK IN THE WALL“ trat meine Großmutter ins Zimmer und forderte mich auf, die Musik leiser zu drehen, und überhaupt, Abendessen stünde an. Bei diesem kam es zu einem bösen familiären Streit, den ich, da sich die Großeltern auf meine Seite schlugen, meiner Mutter anlastete.

Ich haute ab, um mich in meinem Lieblingslokal im Ort, beim STROHHÄUSL MAX, kräftig zu besaufen und kam sehr spät heim. Auf die daraus resultierenden Vorwürfe reagierte ich störrisch und abwehrend, irgendwie war alles egal, und mein großes Geburtstagsgeschenk, eine 50 ccm PUCH MAGNUM, mit zwei Sitzen und ebenso vielen Gängen, hatte ich schon ein paar Tage vorher übernommen.

Keiner konnte mir mein Gefährt streitig machen, höchstens kein Benzingeld zuschießen.

Meine Mutter reiste sonntags, nachdem wir uns am Samstagabend mehr oder weniger heftig, wie so oft, in den Haaren gelegen hatten, wenn und weil sie nur alle paar Wochen einmal antanzte, am späten Nachmittag wieder ab, fuhr zurück zu ihrer Arbeit nach Deutschland, wo sie ihren beruflichen Aufstieg begonnen hatte und ein Kind, welches nur im Wege gewesen wäre, in der Obhut ihrer Eltern zurückließ.

Eine Woche später begann sich mein Leben, mein Gedankengut, weiter zu entwickeln, vielleicht eine spät beginnende Pubertät oder eine frühe Reife. Ich hatte meine persönlichen Einwände gegen gewisse Formen der Erziehung und des Meinungszwanges.

Das zweite Halbjahr in der Schule schritt voran. Ich sammelte Fehlstunden, davon viele unentschuldigt, und konfrontierte die Professoren, polemisierte, provozierte.

Manche der Lehrer akzeptierten meine Anwandlungen durchaus als legitime Form des Lernens, der Erfahrung, andere fühlten sich untergraben, verunsichert und in ihrer konservativen Haltung gestört und beschwerten sich beim Direktor.

Ich kratzte die Kurve gerade noch, schaffte es mit geheuchelter Einsicht, einen Eklat zu vermeiden, auch durch den Einspruch mir wohlgesinnter Professoren gegen einen Schulverweis und durch meine Rolle als

Klassensprecherstellvertreter, der sich darauf berief, dass auch heikle Themen zu behandeln wären.

Ich stieg im Ansehen bei den älteren Semestern in meiner Klasse und in meiner Clique. Mit dieser diskutierte ich manchen Akt der Auflehnung, entweder nach der Schule auf dem Weg zum Bahnhof oder anstatt der Schulstunden im hochfeinen Stadtcafé BAYRISCHER HOF.

Für den Fall, dass man sich im engeren Freundeskreis entschieden hatte, im elterlichen Haus oder Betrieb krankzufeiern, hielt ich mich an meinen Klassenkollegen Herbert, der versuchte, mich für Quantenphysik, Einsteinsche Theorie oder Höhere Mathematik, seine Lieblingsdisziplin, zu begeistern. Er hatte damit jedoch mäßigen bis keinen Erfolg. Was mich mehr beschäftigte, war sein Wissen, wie man das schwer auf einem lastende Schülerdasein durch einen definitiven Suizid beenden konnte.

Wenn mir die logischen Themen zu langweilig wurden, versuchte ich die Gespräche dahingehend zu steuern, dass ich mehr über seine Schwester und deren eventuelle Interessen und Vorlieben erfuhr, damit mir dieses Wissen bei einem lange im Voraus und gründlich durchgeplanten Annäherungsversuch behilflich sein konnte.

Für dieses mein Anliegen brachte er jedoch nicht die Spur von Verständnis auf und mied mich während der nächsten Tage in einer Mischung aus brüderlichem Beschützerinstinkt und eifersüchtiger, komplexbehafteter Behütung des Weibes.

Über das befremdend bedrängende, oft übermächtige Thema Mädchen, Frauen und Gefühle konnte ich viel besser mit Anton, der ausreichend aufgeklärt und bereits mit Erfahrung geadelt war, reden. Er stand mit Trost und Rat zur Seite.

War ich wieder einmal im Suff bei einer Zicke abgeblitzt, durfte ich mich an seiner Schulter ausweinen, fand zärtliches Verständnis bei ihm und wurde mit derben Witzen und Possen, bei tiefer geschlagenen Wunden mit ausreichend Bier und Schnaps kuriert.

Zudem konnte Anton ganz gut Gitarre spielen, und wir beide hatten einen ähnlichen, sich ergänzenden Musikgeschmack. Seiner war vielschichtiger und umfangreicher, da er ein eigenes Jugendzimmer, eine tolle Abspielanlage und jede Menge Vinyl und Chromdioxidkassetten zur Verfügung hatte.

Sein Geburtstag fiel auf Anfang Mai, und er lud mich ein, mit ihm und einigen seiner Freunde und Klassenkollegen zu feiern. Mit jeder Menge Versprechungen von wegen besserer Noten und anständigem

Benehmen konnte ich mich aus den mittlerweile immer erboster und ungeduldiger werdenden Erziehungsmaßnahmen meiner Großeltern loseisen. Einer der Professoren lebte im gleichen Ort und hatte ihnen von meinem provozierenden Verhalten erzählt. Die daraufhin entstehenden Konflikte und Spannungen wollten sich so schnell nicht beruhigen, sie konnten nicht aus ihren veralteten Lehr- und Lebensgrundsätzen heraus, zeigten sich extrem glaubwillig und unterwürfig in ihrem Umgang mit Autoritäten oder denen, die sie, wie diesen Lehrer, der einer besseren Gesellschaftsschicht als der ihren angehörte, dafür hielten. Darob sanken sie rapide in meiner Achtung und wurden insgeheim mehr oder minder dafür verspottet.
Sie waren die einfach genormten Bausteine, die die Basis des Systems untermauerten. ALL IN ALL, YOU ARE ALL JUST BRICKS IN THE WALL.
So blieb ich am Freitag brav bis zur letzten Unterrichtsstunde im Klassenzimmer, verhielt mich ruhig und versuchte ausnahmsweise sogar, konstruktiv am Unterricht mitzuarbeiten. Anton bot ich an, bei der Ausrichtung und den Einkäufen für die Party zu helfen, was er gerne annahm und auch gleich dafür nutzte, mir ein erst kürzlich aufgenommenes Demoband, eine Chromdioxidkassette, vorzuspielen.
Einen Teil der Lieder konnte ich erkennen, sie waren gut nachgespielt und interpretiert, nicht fehlerfrei, manchmal etwas holprig, aber nicht übel.
Bis auf ein oder zwei Stücke fehlte die Stimme. Der Sänger, der Mensch, der sich am Mikrophon abmühte, war ein Versager.
Anton trug mir an, wir könnten an einem der nächsten Wochenenden einmal hinausfahren in einen voll eingerichteten Proberaum.
Als am späten Nachmittag seine Eltern kamen, zog ich mich anstandshalber zurück und trank bis zum Beginn des Geburtstagsfestes meine zwei kleinen Biere im Stehbeisl. Dabei wollte mir der Gedanke nicht mehr aus dem Kopf gehen, wie wohl meine Stimme durch ein Mikrophon gesungen und verstärkt klingen mochte.
Bei meiner Wiederkehr war die Party bereits im Gang, ein paar Leute kannte ich, vom Sehen, aus den Parallelklassen, ein paar aus unserer gemütlichen und von den Spießern geächteten Stammkneipe DORIAN GRAY, die anderen Anwesenden waren mir unbekannt.
Gute Musik dröhnte aus den Lautsprechern, Biere und Schnäpse wurden weitergereicht, und in mancher Ecke oder Nische hielt sich der süßliche Geruch von Marihuana und Räucherstäbchen.

In dieser ungezwungen Atmosphäre hielt ich an und unterhielt mich mit Bernhard und Franz, zwei weiteren engen Freunden von Anton, bis sich dieser zu uns gesellte und uns einige der bislang unbekannten Gäste vorstellte.
Zwei Stunden später war ich ziemlich betrunken, hatte zu sehr dem WILD TURKEY WHISKY zugesprochen und befreite mich aus der Klammer des Rauschzustandes durch eine siebenminütige Kotzorgie, welche das Partyvolk einigermaßen erheiterte.
Daraufhin setzte ich mich in eine Ecke und mimte den Beleidigten, aber nur so lange, bis Anton mich angrinste und heftig umarmte.
Da musste ich lachen und die Welt war wieder in Ordnung.
Dann sah ich SIE. Klein, zierlich, wohlgeformt, was die Wahl ihrer Kleidung noch betonte, knallrot geschminkte Lippen, blond.
Im Schlepptau, reichlich besoffen, ihr Ebenbild, nur wenige Zentimeter kleiner und rothaarig, ihre Schwester.
Ich fing sofort Feuer für die Blonde. Anton folgte amüsiert meinen anzüglichen, gierigen Blicken und sprach mir ein Kompliment bezüglich meines guten Geschmacks aus. Meine Reaktion, ein zwischen den Lippen hervor gezischtes „Was nützt mir mein ganzer guter Geschmack, wenn ich mich nicht getraue, sie anzusprechen!“ verblüffte ihn im ersten Moment. Ich gab auch zu bedenken, dass sie sicher einen Freund hatte. Anton feixte und bestätigte diesen Umstand, gab mir aber auch zu verstehen, dass ihr an diesem nicht besonders viel gelegen sei.
Er wäre durchaus bereit, mir bei der Kontaktaufnahme behilflich zu sein, wenn ich im Gegenzug bei der nächsten Probe den stimmlichen Teil beitrüge.
„Die Rothaarige“, so bedeutete er mir, schon auf die beiden Schwestern zusteuernd, „hat es aber auch faustdick hinter den Ohren!“.
Ich zweifelte schön langsam an der Realität der Situation, vermutete einen üblen Scherz, als Anton nach einigen Minuten zurückkehrte, sich an mich lehnte und mir ins Ohr säuselte „Alles in bester Ordnung, sie geht in etwa fünf Minuten voraus und wartet auf dich bei einer Wegzweigung zum Siriuskogel. Du komm dann in spätestens fünfzehn Minuten nach, ein kleines Manöver, damit ihr Freund keinen Wind davon bekommt – der kann ein ziemlich brutales Arschloch sein.“
Dann zog er ab, hin zu den Leuten, die ihn mit großen Gesten empfingen und das Geburtstagskind erneut hochleben ließen.
Ein Blick ruhte auf mir. Ich konnte es deutlich spüren. Sie! Schaute mich an. Zündete sich eine Zigarette an. Ging zur Tür und hinaus, hinaus in

die Nacht. Ich schaute auf das Ziffernblatt meiner Uhr und registrierte die Positionen der Zeiger. Mischte mich unauffällig unter die Gäste und versuchte, in eine Konversation einzusteigen. Dabei gab ich mich fahrig, unkonzentriert, und meine Unruhe wuchs. In Wahrheit hatte ich null Interesse an dem Gespräch. Mein Herz raste und ich war gleichsam unruhig und nervlich überspannt. Fünfzehn Minuten können einem den Nerv töten.
Der Siriuskogel ist ein nicht weiter nennenswerter Hügel, der ein Augebiet überragt. Dennoch ein beliebtes Ausflugsziel für die Stadtbewohner und ein gängiger Vorschlag für einen Halbtagsausflug mit der Klasse. Einmal hatten wir an seinen Ausläufern in Teichen und Lacken mit unserem Biologielehrer nach Mikroorganismen geforscht.
Ich traf Sabine an der Weggabelung, von der aus ein Wanderpfad zum Aussichtsturm des Hügels hinaufführt. Sie bemerkte sehr bald, dass ich reichlich schüchtern war und mich hinten hielt, nahm mir dies jedoch nicht übel und brachte mich über kurz oder lang dazu, ihr mein Begehren mitzuteilen. Zu meiner Freude erklärte sie sich einverstanden. Ihre einzige Bedingung bestand darin, ihr zu versprechen, unser Rendezvous nicht an die große Glocke zu hängen, ansonsten würden wir beide Probleme von Seiten ihres Freundes zu erwarten haben. Mittlerweile waren wir am höchsten Punkt des Hügels angelangt. Der morsche Aussichtsturm ragte vor uns auf, Verpackungsabfälle bedeckten den erdigen, ein wenig feuchten Boden, leere Getränkedosen lagen in der Gegend verstreut. Dieser Platz war uns einhellig zu unromantisch, somit erkundeten wir die nähere Umgebung und stießen auf eine Waldlichtung, von einer dichten, weichen Wiese bewachsen.
Wir zogen unsere Jacken aus, breiteten sie als Unterlage aus und richteten uns erst einmal gemütlich ein. Bei einer Zigarette plauderten wir eine Weile über das Geburtstagsfest und gemeinsame Bekannte, schüttelten uns später vor Lachen über den Umstand und die Art, wie wir uns von diesen abgesetzt hatten, belangloses Zeug.
Sabine führte mich geschickt und langsam dorthin, wohin ich mich schon lange sehnte, schmiegte sich an mich. Eng aneinander streichelten und küssten wir uns.
Dann, mit einem Mal, verlautbarte sie etwas, was mir einen Schock bis in die äußersten Nervenspitzen versetzte, brachte alle gehegten Hoffnungen zum Einsturz. Der Satz, der mich in vollkommene Verzweiflung brachte, war folgender: „Mit Ficken wird es aber nichts!"
Als sie registrierte, was sie damit angerichtet hatte, das Zusammensak-

ken meines angespannten Körpers fühlte, lachte sie glockenhell auf. Ich befreite mich aus ihrer Umarmung und mimte den Abgewiesenen, den Beleidigten. Sie jedoch zog mich eng an ihren warmen Körper heran, hauchte mir in den Nacken und neckte mich spielerisch, brachte mich erneut in Fahrt, erregte meine Sinne, machte mich heiß und brachte ihre Lippen ganz nahe an mein Ohr.

„Nun, bumsen geht wirklich nicht. Ich möchte dich nicht anstecken. Mein Freund hat in letzter Zeit ziemlich herumgehurt, sich dabei einen Tripper eingefangen und hat ihn auch mir angehängt."

Ich tat moralisch entrüstet.

Dann tat sie das, was ich nicht in der kühnsten aller meiner Wunschvorstellungen erwartet hätte. Sie hieß mich aufstehen, zog mir die Hosen aus und zelebrierte Oralsex.

Als wir wieder bei Anton eintrudelten, ein wenig zeitversetzt wiederkamen, schien die Party gelaufen zu sein. Es waren nur seine engsten Freunde und ein paar Alk-Leichen übrig geblieben. Die anderen hatten sich mit den letzten öffentlichen Verkehrsmitteln verdrückt oder waren in die Disco abgewandert.

Ich schwebte dahin auf einer Wolke vorher nie erfahrener sexueller Lust. Vermutlich grinste ich von einem Ohr zum anderen, auf jeden Fall bestand für Anton kein Zweifel über den Ausgang des von ihm eingefädelten Liebesabenteuers.

In diesen Augenblicken, im Nachbeben meiner Sinne, hätte ich ihm vermutlich sogar unerfüllbare Dinge versprochen. Er forderte jedoch nur ein, dass ich am nächsten Samstag um Punkt ein Uhr bei ihm, und das mit fahrbarem Untersatz, erscheine und dann zur Probe mitkomme.

Wenn den Leuten dort die Vorstellung, mein Auftreten, mein Gesang gefielen, sollte ich mich als Sänger zur Verfügung stellen.

Ich schlief irgendwann in einer Ecke ein und kam erst Sonntag von der Feier nach Hause, was wieder einmal einen heftigen Familienstreit und Restriktionen nach sich zog.

Ich kompensierte diese Einschränkungen, indem ich während der nächsten Unterrichtswoche bei kleineren mündlichen Prüfungen glänzte und in einem Hauptfach, in welchem ich als gefährdet galt, mit einer Drei als Note überraschte.

Darüber hinaus ließ ich mich auf keine Diskussionen ein, verhielt mich ruhig, höflich und zuvorkommend. So stieß ich auf keinen Widerstand, als ich kundtat, dass ich am Samstag nach der Schule mit einem Klassenkollegen für eine anstehende Prüfung lernen wollte.

Am Freitag gab es das wöchentliche Taschengeld und die Erlaubnis, mit dem Moped zu dieser Lernzusammenkunft fahren zu dürfen.
Wie gewohnt weckte mich meine Großmutter um kurz vor halb sieben und musste fünf Minuten später noch einmal ins Zimmer kommen, da ich mir wie üblich schwer tat, aus dem gemütlichen Bett zu kommen.
Das Frühstück stand schon am Küchentisch. Ich schlang ein paar Bissen hinunter, verschwand kurz im Badezimmer und rauchte dann genüsslich die erste Zigarette des Tages zum Kaffee. Ein Blick aus dem Fenster versprach einen wunderschönen, warmen Tag, also wählte ich bei der Kleidung gerade so viel aus, dass mir bei der anstehenden Fahrt mit dem Moped nicht kalt werden würde.
Schließlich wählte ich zu meinen Jeans halbhohe Lederstiefel, legte den Nierengurt an und borgte mir aus der Garderobe des Großvaters einen dünnen schwarzen Anorak.
Die Schultasche hatte ich bereits am Vorabend gepackt, jetzt griff ich mir noch Handschuhe und Helm, verabschiedete mich mit dem Hinweis, dass man mich erst spät am Abend wieder erwarten dürfte, holte mein Fahrzeug aus dem Schuppen und startete durch.
Für den Weg in meine Schulstadt brauchte ich knapp fünfundzwanzig Minuten, dann noch einmal zehn Minuten, bis ich das Gefährt gegenüber dem Schulgebäudekomplex, auf einem durch eine Plakatwand gegen die Straße hin abgegrenzten Parkplatz, abstellte, den Startschlüssel abzog und mich noch mit Anbringung eines Zahlenkombinationsschlosses gegen jedweden Diebstahl wappnete.
Der Vormittag verging wie im Flug. Ich beteiligte mich so aufmerksam wie selten zuvor am Unterricht, stellte und beantwortete Fragen, wurde für meine wiederaufkeimende Mitarbeit gelobt, was mir fast schon peinlich war.
Nach der großen Pause ließ meine Energie in einer absteigenden Kurve nach. Jene Nebengegenstände, die jetzt noch am Plan standen, erschienen mir als ausdrücklich langweilig. Dazu hatte ich in der Pause im Schulhof, so es uns dort genehmigt war, zu rauchen, mit Anton eine Zigarette geteilt und mit ihm ein Treffen nach der vierten Unterrichtseinheit vereinbart, da wir von seiner Mutter zum Essen eingeladen waren. Gleich danach wollten wir zur Probe aufbrechen.
Mit dem Pausenläuten nach der vierten Unterrichtseinheit eilte ich hinunter in die Aula und verließ das Schulgebäude auf direktem Weg durch den Hauptausgang, was mir die Rüge einiger Professoren einbrachte, da es Schülern normalerweise nicht gestattet war, diesen zu nutzen. Obwohl

ich die Vorschrift als reichlich unsinnig empfand, nahm ich die Schelte ohne Gegenrede in Kauf und traf meinen Freund an den Schranken des Lehrerparkplatzes, vorne, beim Haus des Schulwarts, bat ihn, kurz zu warten und holte ihn umgehend mit dem Moped ab.
Er richtete sich auf dem Rücksitz ein und schon ging es den Hügel hinunter. Ich hielt mich knapp am Mittelstreifen, wissend, dass dies die einzige Möglichkeit war, die extrem lange und scharf links abbiegende Kurve am Ende des Gefälles unbeschadet zu durchfahren. Gleich darauf hielt ich an und wir rannten die Stufen zur Wohnung von Antons Eltern hinauf, zogen uns gar nicht erst großartig aus und schaufelten den delikat schmeckenden Eintopf in uns hinein. Und nichts wie weg und weiter. Den Sturzhelm hatte ich am Rücksitz festgezurrt, somit konnte mich Anton, der hier ortskundig war, so rasch wie möglich zur richtigen Ortsumfahrung dirigieren, von der aus wir auf Nebenstraßen, gegen Ende der Fahrt auf asphaltierten Wegen durch eine reichlich ländliche Gegend, zu einem mitten in die Landschaft gebauten, blau gestrichenen Einfamilienhaus kamen.
Es war ein lustiges und unbeschwertes Unterfangen, es ging querfeldein, bergauf und bergab, ein einziges Mal musste mein Schulfreund absteigen, damit das Fahrzeug eine Steigung überwinden konnte. Kühe glotzten uns an oder kauten desinteressiert Gras, Schafe blökten im Verein hinter einem elektrisch geladenen Zaun, Hühner pickten, im Schutz des Hofes sich gackernd verständigend, Körner und Krumen vom Boden. Die satten Wiesen waren übervoll, übersät mit Schafgarben, Gänseblümchen und Sauerampfer. Gegen die Berge hin breitete sich dichter Wald aus.
Ich bremste am Vorplatz des Hauses ein wenig zu scharf ab, wir gerieten auf dem Schotter ins Schleudern, doch geistesgegenwärtig vermieden wir einen schlimmen Unfall.
Die Fenster im Erdgeschoß waren halb geöffnet. Ein Schlagzeug polterte, ein Bassruder pumpte und eine elektroverstärkte Gitarre jaulte. Wir streckten unsere von der Fahrt müde gewordenen Gliedmaßen, zogen, wegen der angenehmen Frühjahrswärme unsere Jacken aus, lauschten den verschiedensten übereinander purzelnden Tönen und verschafften uns durch ein heftiges, langes Klingeln Zutritt.
Ein älterer, hagerer Typ mit einem markanten Gesicht und wässrig blauen Augen, sehr hellem, flachsblonden, schulterlangem Haar lotste uns durch ein lang gezogenes Vorzimmer, wo wir unsere Jacken und Pullover ablegten, in einen gut vierzig Quadratmeter großen Raum, der durch seine spärliche Möblierung befremdlich auf mich wirkte.

Der Schlagzeuger versteckte sich hinter seinem eher unspektakulären Equipment und versuchte mühsam, eine Abfolge von Takten zustande zu bringen, der Bassist gönnte sich einen kräftigen Schluck aus einer Flasche Bier, ehe er auf uns zukam und uns überschwänglich, euphorisch begrüßte.

Ich wusste nicht so recht, was ich mit der ganzen Situation anfangen sollte, da ich in die Weihen elektronisch verstärkter Musik schon einige Monate vorher, auf einem düsteren und staubigen Dachboden oberhalb eines Bierbeisls, erfahren hatte.

Damals stieg ich hinter Anton und dem langhaarigen und schlaksigen, nach außen hin verschlossenen Bernhard viele Treppen und Stockwerke hoch in einen kleinen, aber heimeligen Raum, der mit ganzen Schichten von Teppichen am Boden und an die Wände geklebten Eierkartons den Schall gegen die Außenwelt hin isolierte.

Dort dominierte eine wahre Schlagzeugbatterie mit unzähligen Becken, hängenden und stehenden Tomtoms und ein pompöser Marshall-Verstärker das Geschehen, und die beiden Musikbegeisterten brachten wirklich feine Coverversionen von NEIL YOUNG oder JIMMY HENDRIX, ansonsten schwelgten sie in Bluesimprovisationen.

Hier war Heli der Tonangebende und die von ihm geladenen Musiker demnach die Sackratten – wie sonst würde man sich den Namen der von ihm zusammengestellten Truppe erklären?

„Sackratten" ist eine umgangssprachliche Umschreibung für die Spezies der Filzläuse.

Seine Eltern hatten ihm großzügig das Untergeschoß des Hauses für das Projekt zur Verfügung gestellt. Jetzt mahnte er zur Aufmerksamkeit und konfrontierte uns mit Prioritäten.

Endlich standen alle zusammen, Hände wurden geschüttelt, Namen genannt und Positionen zugeordnet. Eine halbe Stunde später war das Schlagzeug nachjustiert und die Gitarren an den Verstärker angeschlossen und gestimmt.

Mir stand ein recht gutes Mikrophon samt Monitor zur Verfügung. Hall und Effekte konnte man je nach Notwendigkeit und nach ein paar gespielten Nummern einstellen.

Die Instrumente legten los. Ich stand erst einmal vollkommen verblüfft und wie angewurzelt da, keine Ahnung, welches Stück hier dargeboten wurde. Es endete, ohne dass ich einen Ton von mir gegeben hatte.

Heli wusste sofort Abhilfe, verschwand kurz hinter der Tür und kehrte mit einem Stapel Langspielplatten und einem Abspielgerät zurück,

steckte dieses an und legte eine der Scheiben auf, setzte die Abspielnadel an die gewünschte Stelle. Einmütig lauschte das Quintett den ROLLING STONES – JUMPIN'JACK FLASH, IT'S A GAS, GAS, GAS … Dieses ausgezeichnete Beispiel beflügelte den ganzen Haufen, und nachdem wir den ganzen Titel ein paarmal durchgespielt hatten – ich nahm ein Tamburin zu Hilfe, den Takt autonom zu halten – klang auch unsere Version gar nicht so schlecht.
Es folgte eine Rauchpause, auch brachte der Gastgeber Getränke – Bier und Fruchtsäfte. Ich hielt mich nach einem halben Bier an die antialkoholischen Säfte und verlautbarte, ein Joint würde vielleicht der allgemeinen Lockerheit und Inspiration gut tun.
Es folgte eine frei improvisierte Blues-Session, die allen Beteiligten gefiel und das Gruppengefühl stärkte. Danach spielten wir den STONES-Titel noch einmal durch. Hier endete die erste Probe.
Heli grinste breit und war zufrieden. Anton hatte sich beim Blues ausgetobt und einige affengeile Soli und Läufe hingebracht und fühlte sich einmal mehr in seinem Können bestätigt. Auch der Bassist und der Schlagzeuger waren von unserem Wirken angetan, so fixierten wir den darauf folgenden Samstag für die Fortsetzung unseres Unternehmens.
In der kommenden Woche lief es nicht allzu gut für mich in der Schule, der Druck und die Prüfungen nahmen gegen Ende des Semesters zu, ich galt sowohl in den Hauptgegenständen als auch in den Nebenfächern als gefährdet. Ich hatte zu viele Stunden versäumt, vertrödelt und vertan, selbst in Fächern, die mir sonst keine Schwierigkeiten bereiteten, die mich sogar interessierten, waren meine Beurteilungen alles andere als gut.
Es war fast unumstößlich, dass ich die Klasse wiederholen würde. Für mich war das keine allzu bedeutsame Sache, würde jedoch meinen Erziehungsberechtigten schwer zu schaffen machen und bedeutete vermieste Sommerferien, gekürztes Taschengeld, unnötige Auseinandersetzungen und Streit – Schwierigkeiten eben.
In einer Art Vorschau resignierend und mich dem Unvermeidlichen fügend machte ich es den Professoren besonders schwer, mir Wissen zu vermitteln oder mich eines Besseren zu belehren. Ich bohrte noch dazu in die Wunden des Lehrkörpers, sagte frei und direkt heraus, dass hier Religionsfanatiker, Alkoholiker und Altnazis den Lehrberuf ausübten. Dies war sowohl der Lehrerschaft als auch dem Direktor bekannt, nur zogen diese peinlich berührtes Schweigen vor.

Ich versäumte in dieser Woche viele der ersten Unterrichtsstunden, die ich mit Gleichgesinnten in einem Lokal am Bahnhof zubrachte, mimte nach der dritten Unterrichtseinheit Übelkeit oder auch Fieber und wurde vom Klassenvorstand einer weiteren Anwesenheitspflicht freigesprochen.
Dann ging es entweder zum Kaffeetratsch in den BAYRISCHEN HOF oder mit Anton, Herbert oder Joe ins Bierlokal, wo wir bei zwei oder drei kleinen Bieren unsere Probleme ausbreiteten oder anstehende Themen diskutierten.
Zu Hause gab ich mich brav, fleißig und zuversichtlich, täuschte Lernwilligkeit und Bemühungen vor. Sabine traf ich einmal zufällig in Begleitung ihres Freundes. Sie zwinkerte mir kurz zu. Ich hielt mich zurück, rot anzulaufen.
In den folgenden Jahren hatten Sabine und ich noch einige sehr intensive, leidenschaftliche und erfüllende Begegnungen, auch, nachdem sie ihren Sohn geboren hatte und diesen allein großzog.
An den Nachmittagen während der Woche hörte ich auf meinem Zimmer Musik, entweder von den Langspielplatten, welche ich meiner sich erweiternden Sammlung entnahm, oder von durch Anton für mich zusammengestellten Chromdioxid-Kassetten. Ich versuchte so manchen Titel mitzusingen, wollte für die nächste Probe vorbereitet sein und war es dann auch.
Beim anschließenden Zusammentreffen wurde mir schnell klar, dass auch die Musiker umtriebig gewesen waren und gut eingespielt zum Proben antraten. Sie platzten fast vor Selbstvertrauen, präsentierten sich aufmerksam und eingestellt.
So wurde JUMPIN'JACK FLASH schnell zweimal durchgespielt, dann lief eine freie Improvisation, bei der ich mit der Stimme zurückhielt.
Nun gab Heli den neu zu erarbeitenden Titel bekannt. Von CREAM, bei weitem deren populärstes Stück, „SUHNSHINE OF YOUR LOVE".
„I'M WITH YOU MY LOVE ..."
Der Plattenspieler tat seine Schuldigkeit und brachte mir den Liedtext nahe. Ich notierte diesen, soweit ich ihn verstehen konnte, auf einem Zettel, ergänzte fehlende Textstellen im zweiten und dritten Hördurchgang, kennzeichnete die einzelnen Strophen durch einen Schrägstrich und den Refrain mit einem Doppelpunkt.
Die Musiker waren heute wirklich gut bei der Sache, fanden umgehend Begleitakkorde und den Basslauf. Einzig und allein der Schlagzeuger fand sich schwer zurecht, ging, mit Hilfestellung des Bassisten und

einem einfach gespielten Rhythmus letztendlich doch recht gut und brauchbar durch. Nur Heli fand sich nicht damit ab und teilte Kritiken aus. Er eilte zum Abspielgerät, nahm ein paar Änderungen an den Einstellungen vor, damit die Rhythmusgruppe klarer hörbar war, und stand, mit erhobenem Zeigefinger dozierend, die Ohren nach hinten gerichtet, mit dem Gesicht dem Schlagzeuger zugewandt.
Wir anderen sahen keinen Grund, mit dem eben Erarbeiteten unzufrieden zu sein, vielleicht ging sich dann heute, innerhalb der Zeit, noch ein neuer Liedtitel zur Probe aus. Wie sonst sollten wir zu einem halbwegs annehmbaren Programm kommen, für den Fall, dass Helis Plan, bei einem Open-Air-Konzert mitzuwirken, wirklich ernst gemeint war? Die Sackratten meldeten Zweifel an.
Auch forderten wir eine Pause und gierten nach einem Schluck kühlender Flüssigkeit. Heli hörte schließlich auf zu lamentieren und uns alle zu beschimpfen, denen er ein Untergraben seiner Stellung vorwarf und lenkte ein, entspannte die Situation, indem er einen halbgefüllten Bierkasten, Säfte und Mineralwasser herausrückte.
Wir setzten uns im Kreis auf die am Boden ausgebreiteten Teppiche und Lederkissen und rauchten erst einmal schweigend eine Zigarette. Mit der Zeit vergaßen wir dann die Probe und verzettelten uns in Diskussionen, privaten Angelegenheiten oder allgemeinen Problemen.
Dabei hatte ich zwischendurch die Gelegenheit, mir Heli Blausacks Plattensammlung genauer an- und durchzusehen. Es befanden sich jede Menge interessante Gruppen und Scheiben dabei, von denen ich nie gehört oder gewusst hatte. Dadurch stieg Heli wieder in meiner Achtung, und ich borgte mir eine KING CRIMSON Langspielplatte, deren in Blau- und Rosatönen gehaltenes Cover, mit dem darauf abgebildeten „Mondgesicht“, mich genau so ansprach wie einige der angespielten Titel.
Wir rissen uns aus den hin und her gehenden, oft sehr tief schürfenden Gesprächen, nahmen erneut Aufstellung und beendeten den Probenachmittag mit einer fetzigen Version von JUMPIN‘ JACK FLASH …
Der kommende Donnerstag war irgendein bescheuerter Feiertag, wir richteten es so ein, dass bis ein Uhr am Nachmittag die Instrumente gestimmt waren und die Klangeinstellungen und Effekte passten.
Erst nahmen wir die bereits erprobten Lieder durch, als Auflockerungsübung spielten wir dieses Mal THE HOUSE OF THE RISING SUN, dieses mit einem übersatten Arrangement, da auch ich die Akkorde kannte und Anton mir die STRATOCASTER in die Hand drückte. Es

wurde ein erfolgreicher, ausgiebiger Probetag, der uns alle zufrieden und mit gestärktem Selbstvertrauen werken ließ.
Als Abschluss nahmen wir uns LONDON CALLING von THE CLASH vor.
Ein Titel, wie für mich geschaffen. Den Text musste ich zwar erst einmal durch vielmaliges Abspielen und einige Sonderaufgaben, bei mir zuhause im Wohnzimmer, mit einer extra für diese Aufgabe bespielten Audiokassette, erarbeiten, war aber für den gleich folgenden Samstagsprobetermin bestens gerüstet und vorbereitet.
Leider schafften wir es erst gegen drei Uhr nachmittags bei Heli aufzukreuzen. Wir gingen die Sache sofort an, machten nicht viele Umstände. Der Titel hat eine ziemlich lange Einleitung mit der Rhythmusgitarre, dann erst setzt das Schlagzeugsolo mit Pomp ein und mit dessen letztem Takt die Stimme. Ich schaffte den Einsteig perfekt, nicht aber die Tonlage.
Der zweite Durchgang lief wesentlich besser, beim dritten hatte ich das Lied verinnerlicht und brachte meinen Part wirklich gut. Mir stand klar vor Augen, dass dieser Song bei einem eventuellen LIVE–Auftritt einen Höhepunkt darstellen könnte.
Wir verzichteten an diesem Tag auf die Session, übten lieber unser mittlerweile kleines, doch hörbares und ausbaufähiges Programm durch und verabschiedeten uns herzlich. Die Sache zeigte mittlerweile Profil, wirkte homogen.
Der Montag gab dann den Auftakt für eine ganze Reihe kleiner und mittlerer Katastrophen, am Dienstag erwischte mich eine zwar angekündigte, jedoch von mir nicht zur Kenntnis genommene, Mathematikschularbeit kalt und ich saß zwei Stunden wie paralysiert vor den gestellten Aufgaben, ehe ich die leer gebliebenen Seiten samt Heft wieder abgab.
Am Donnerstag rasselte ich bei einer spontan angesetzten, mündlichen Prüfung in Physik durch.
Am Freitag gab es in einem meiner Lieblingsfächer bei einer zweistündig angesetzten Schularbeit nur ein Thema – die Zusammenfassung und Interpretation des Nibelungenliedes. Ich phantasierte und erlog, konstruierte eine an den Haaren herbeigezogene, sehr freie Nacherzählung des Inhalts und erfand die wildesten Querbezüge. Eine Woche später bekam ich die Arbeit, gespickt mit zwölf schweren Rechtschreibfehlern, mit einem „Noch-Genügend" – dank meines erfinderischen, dichterischen Potentials, welches unser Deutschprofessor mir als Anmerkung unter

der Note zugestand – zurück. Als Gipfel und Eskalation, als Draufgabe, teilte uns der Klassenvorstand noch einen in Bälde angesetzten Elternsprechtag mit.

Vortäuschend, mit meiner Welt und meinen schulischen Erfolgen wäre alles in bester Ordnung, verdrängte ich die auf meine Erziehungsberechtigten zukommende Ernüchterung durch die vorerst noch verborgene Wirklichkeit, die damit einhergehenden Probleme und Einschränkungen – ja, die Wirklichkeit kommt, die Wirklichkeit kommt – und gönnte mir eine neuerliche Wochenendprobe mit den Musikerkollegen.

Doch Schwierigkeiten und Abgründe taten sich auch hier auf. Wir experimentierten stundenlang herum und der Bassist wollte nicht und nicht auftauchen.

Heli versprach für den nächsten Tag einen Ersatz und schickte dem Dahingegangenen einen bösen Fluch hinterher.

In der noch vorhandenen Probezeit bediente Anton das wuchtige Bassruder, ich schrammte unsicher ein paar schnell erklärte und angeeignete Begleitakkorde auf der Elektrogitarre. Das Schlimme daran war, dass mich das gleichzeitige Singen und Spielen derart konfus machte, dass ich spätestens bei einem Drittel jeden Stückes den Faden verlor.

Die Stimmung war alles andere als gut, es kam zu kleineren Sticheleien und Streitereien. Diese verloren und verflüchtigten sich, als Heli, um sich dem Ärger und der angespannten Situation zu entziehen, sich für eine Weile verkrümelte.

Anton und ich bastelten inzwischen an ein paar Nummern aus der Ecke von Punk und New Wave – Musikrichtungen, die zu dieser Zeit gerade auf ihren Höhepunkt zustrebten. Eine Musik, für unsere Generation wie geschaffen – sollten sich die Älteren, die Hippies und Freaks doch an Woodstock und Led Zeppelin aufgeilen. Wir fanden unsere Gefühle, unser Leben und unsere nicht kommen wollende Zukunft in dieser Musik gespiegelt.

Am Sonntag brachen Anton und ich, nach einer durchfeierten Nacht in einer Diskothek, schwer verkatert, dafür reichlich früh, auf, da wir weder Lust auf spätes Frühstück noch frühes Mittagsmahl hatten.

Heli gab sich begeistert ob unseres Eifers, kochte Kaffee, damit wir in die Gänge kämen, und wir spielten eine JAM-SESSION, bei der ich eine Gitarre bediente.

Um ein Uhr trudelte der Schlagzeuger ein, wenig später der neue Bassist. Er war nicht so gut und geradlinig wie der dahingeschiedene, verfügte aber über eine rasche Auffassungsgabe. Wir schafften an diesem Tag

die bereits erarbeiteten Nummern einmal in Serie, vollständig und durchaus akzeptabel.
So übersah ich die Zeit, merkte erst, da es draußen schon dunkel wurde, dass ich den rechtzeitigen Aufbruch verpasst hatte, ich musste den Anton noch zuhause abliefern und noch zwanzig Kilometer bis in meine Ortschaft bewältigen.
Als ich beim Heimkommen die ärgerlichen Gesichter meiner Großeltern gewahrte, reagierte ich geistesgegenwärtig und bat sie, nachsichtig zu sein und jegliche Auseinandersetzung auf die Zeit nach dem Elternsprechtag – den ich hiermit erstmals erwähnte – zu verlegen. Ein kleines, aber zweckdienliches und wirksames Ablenkmanöver.
An diesem Tag war eine ganze Reihe von Vorwürfen, gehässiges Geschimpfe und wütend ausgesprochene Restriktionen zu erwarten, aber bis dahin wollte ich noch ein paar friedliche und unbeschwerte Tage genießen.
Am Donnerstagmorgen saßen Großvater, Großmutter und ich pünktlich um halb sieben beim Frühstückstisch, nur waren heute sie daran, den Regionalzug Richtung Bad Aussee um kurz nach Sieben zu erreichen, eine halbe Stunde Fahrzeit und noch gute zwanzig Minuten Fußmarsch bis zum Gebäude des Realgymnasiums zurückzulegen.
Ich hatte ganz kurz ein Bild vor Augen, wie komisch dem Schaffner zumute sein musste, wenn er anstatt der lärmenden, lachenden oder noch rasch für eine Prüfung büffelnden, nicht gemachte Hausaufgaben abschreibenden Schüler, die alle nur ihre Freifahrkarte vorzeigen mussten, einen ganzen Pulk von Eltern vor sich sah, der lästigen Pflicht oblag, einzeln deren Fahrscheine zu prüfen und zu entwerten, manche ruhig, in sich gekehrt, andere höflich Konversation machend, manche davon nur, um ihre Nervosität zu überspielen, die einen besorgt um, die anderen stolz auf ihren Spross.
Ich wartete, bis meine Großeltern bei der Tür draußen waren, schenkte mir Kaffee nach und rauchte, tief inhalierend, eine Zigarette zur Beruhigung meiner eigenen, unterschwellig angespannten Nerven.
Dann legte ich mich noch für zwei Stunden ins Bett.
Der Elternsprechtag schockierte und ernüchterte meine Erziehungsberechtigten derart, dass sie zwei Tage lang kaum, und wenn, dann nur das Notwendigste, mit mir sprachen. Großmutter kam schon gegen halb zwölf am Vormittag zurück, mit zitternden Händen und tränenfeuchten Augen, würdigte mich kaum eines Blickes, zog sich in ihre Küche zurück und kochte höchstwahrscheinlich Mittagessen.

Ich trollte mich auf mein Zimmer und hörte Musik. Ziemlich laut. Eine vehemente Aufforderung zum Leiserdrehen wollte und wollte nicht kommen.
Am frühen Nachmittag polterte mein Großvater zur Wohnungstür herein, auf das Äußerste erbost, vor Wut schnaubend – soweit ich das durch die Tür meines Zimmers wahrnehmen konnte. Aber auch er verabsäumte es, dieses zu betreten und sofort eine Standpauke, eine mahnende und heftige Predigt vom Stapel zu lassen, begab sich in die Küche zu Großmutter, und dort blieben die beiden.
Der Nachmittag verging. Niemand kam, um mich zur Rede zu stellen oder zur Nahrungsaufnahme aufzufordern.
Mir war das ziemlich egal, da ich mich mit ein paar belegten Broten, Obst und Verdünnsaft versorgt hatte, nur wunderte mich der Umstand, dass keiner bereit war, mich wegen meiner Noten und meines Verhaltens in der Schule zu belangen.
Beim Abendbrot herrschte ein peinliches, betretenes Schweigen.Ohne einen Vorwurf gehört zu haben, ging ich zu Bett.
Beim folgenden Frühstück setzte mir die Großmutter schweigend Kaffee, Semmeln, Butter und Marmelade vor.
Das häusliche Schweigen dauerte weitere zwei Tage an.
Allem Anschein nach hatten meine Vormunde resigniert, mussten sich eingestehen, dass sie mit ihrer Erziehung versagt hatten, machten sich deshalb mehr Gedanken und Vorwürfe als ich selbst und wussten mit der ganzen Situation rein gar nichts anzufangen.
Ich zog daraus meine Rückschlüsse und kam auf den Punkt, dass auch sie es eingesehen hatten, dass bis zum Schulschluss kein Wunder mehr geschehen würde und sie mich in Anbetracht dieser Einsicht vorerst unbehelligt ließen.
Sie hatten die Sinnlosigkeit des Unterfangens sowie die Notwendigkeit, dass ich die sechste Klasse Gymnasium wiederholen musste, eingesehen.
Dies verschaffte mir einen unerwarteten, jedoch höchst angenehmen Freiraum.
Die somit neu gewonnene Freiheit nutzte ich dazu, vermehrt mit meinem engsten Freundeskreis abzuhängen und diverse Feste zu feiern. Auch hielt das gute Wetter seit mehr als drei Wochen an und wir fuhren gerne und oft zu allen möglichen umliegenden Badesseen, meist in Begleitung der gerade aktuellen Freundinnen meiner Klassenkameraden, deren schulische Leistungen den meinen sehr ähnlich waren.

Wir hatten zwar unsere Schultaschen, Hefte und Bücher immer dabei, zogen es aber vor, zu picknicken, ein paar Runden zu schwimmen oder uns die Sonne auf die Haut scheinen zu lassen.
Meinen Stundenplan für die Anwesenheit in der Schule gestaltete ich derart, dass ich eigentlich nur dann im Klassenzimmer anzutreffen war, wenn meine bevorzugten, ehrlich gesagt Lieblingsfächer anstanden. Dies ergab oftmals ein sehr obskures Bild und erneut Ärger mit den übergangenen Professoren. Der Klassenvorstand sagte mir mein unangebrachtes Verhalten auf den Kopf zu. Gegen sein besseres Wissen, dass dies gegen Ende des ohnedies vergeudeten Schuljahres mein Handeln nicht ändern würde.
Selbstverständlich traf ich mich so oft wie möglich mit Anton, um, wenn es erwünscht war, mit diesem zu Heli hinaus aufs Land zu fahren, um dort Musik zu spielen. Auf meine Nachfragen bezüglich Sabine wusste er keine konkreten Antworten, schimpfte nur auf deren Freund, der immer mehr Mädchen, die er seit längerem anvisierte, mit Tripper angesteckt hatte und ihm somit geplante Abenteuer vermieste.
Heli war zwar nicht immer zufrieden mit der Leistung seiner Mannen, immer wieder kam es zu kleineren Reibereien, manchmal zu ein paar wütend durch die Lippen hervor gepressten, bösen, abfälligen Worten. Was er jedoch selbst zugeben musste, und was das eine oder andere Mal bei gemeinschaftlichen Ausflügen in ein Lokal in der Stadt seine Brust vor Gründerstolz schwellen ließ, war, dass die Lieder, die Coverversionen, die wir spielten, immer erkennbarer, kompakter und besser wurden, auch hielt er Anton und mir zugute, dass wir uns nie um einen Probetermin drückten.
So gab es, da auch Schlagzeuger und Bassist gerade keiner Arbeit nachgingen, mittlerweile ein Programm mit sieben oder acht Nummern, deren Einleitung nach wie vor der Einheizer JUMPIN‘ JACK FLASH stellte.
Unsere freien Improvisationen, bei denen ich das eine oder andere Mal einen Gesangsteil beisteuerte, waren gleichwohl brauchbar wie hörenswert.
Die Probearbeit hatte jeden Einzelnen von uns bereichert, ein jeder hatte sich eine ganze Menge Musikgeschichte angeeignet.
Heli juckte es ganz gewaltig in den Fingern, ihn und die Sackratten auf die Bühne und vor ein Publikum zu bringen. Immer öfter trat er mehr oder weniger direkt mit dem Vorschlag an uns heran und wurde durch unsere Einwände enttäuscht, dass wir uns noch nicht sicher genug

fühlten oder ganz einfach nur Musik spielen wollten. Durch unsere Ablehnung gekränkt, verschwand er in einer Ecke oder auf sein Zimmer, um dort eine Weile zu schmollen.
Er konnte und wollte unsere Zurückhaltung nicht verstehen.
Natürlich ging es uns Sackratten allemal durch den Kopf, bei einem Auftritt bejubelt zu werden und einen der weiblichen Groupies zu bespringen.
Ich hatte zu dieser Zeit eine kurze und wilde, aber harmlose Affäre mit einer molligen Rothaarigen, die entfernt mit einem der Professoren verwandt war.
So zogen die Tage und Wochen locker und leichtlebig dahin, zuhause war ich nur mehr, um meinen Hunger zu stillen, meistens mit Nahrung aus der Brotlade oder dem Kühlschrank, oder mit vom Mittagessen übrig gebliebenen Speisen, die ich mir nur noch aufwärmen musste.
Plötzlich blieben nur mehr drei Wochen bis zur Zeugnisverteilung. Viele Schüler in meiner Klasse waren zu dieser Zeit höchst umtriebig, unterwürfig und nervös darauf aus, ihre Noten noch zu verbessern, Nachprüfungen zu vermeiden. Mich und die anderen Kandidaten, bei denen die Wiederholung der Schulstufe als gesichert galt, ließ das ganze Treiben reichlich unberührt, wenn es was in uns auslöste, dann Belustigung.
Wir freuten uns auf das anstehende, alljährliche Fußballspiel gegen einen anderen Klassenzug, einen Ganztagswandertag oder die Sommerferien.
Noch dazu gingen Gerüchte, dass zum Schulschluss in der näheren Umgebung einige OPEN-AIR-Veranstaltungen geplant waren, auf dem Gelände, wo sonst die Bierzelte oder Kirchtage, seltener ein Zirkus, für ein paar Tage im Jahr Einzug hielten.
Diese regionalen Veranstaltungen waren bekannt dafür, dass immer wieder Musikformationen mit Kultstatus Auftritte hatten, wie die Linzer Gruppe WILLI WARMA oder die AARDFARKS, je nachdem, welche Kontakte die Veranstalter hatten.
Die Preise für die Festivalkarten waren gleich erschwinglich wie das dort massenweise ausgeschenkte Bier, noch dazu trauten sich immer wieder Leute aus der näheren Umgebung, ihre Musik vorzustellen, manchmal wahre Leckerbissen wie die Ebenseer Jazz-Rock-Band GES.M.B.H.
Als Anton und ich dieses Mal bei Heli eintrudelten, stand dieser unter einer von uns vorerst unerklärbaren, euphorischen Hochspannung. Er hatte in einer Ecke des Raumes ein kleines Buffet angerichtet und es

gab zwei Kästen Bier, je eine Flasche Whiskey und Wodka, dazu Orangensaft und Cola. Wir spielten erst einmal unser Programm durch. Es gelang uns fehlerfrei, ohne Unterbrechung oder Diskussion.
Heli entließ uns in die Pause und forderte auf, uns ungeniert an der dargebotenen Verpflegung zu laben. Alsbald hatte sich jeder einen Teller mit belegten Broten zusammengestellt und sein Lieblingsgetränk erkoren, saß auf einem der Teppiche oder Polster.
Schließlich platzte Heli mit der Neuigkeit heraus. Er hatte von einem der Festivalveranstalter die Zusage bekommen, dass HELI BLAUSACK UND DIE SACKRATTEN bei einem Freiluftkonzert am Hallstätter See auftreten könnten, sogar mit einer nicht allzu geringen Gage.
Wenig später war ein heftiger, übler Streit im Gange. So sehr wir auf der einen Seite stolz auf Heli und sein Organisationstalent, seinen Ehrgeiz waren, so sehr hielten wir ihm vor, dass er uns nicht vorher zu Rate gezogen, gefragt, sondern übergangen hatte. Er fühlte sich natürlich in seiner Kompetenz verletzt und begann uns zu beschimpfen, beruhigte sich aber wieder, da die Kritiker in der Überzahl waren und er es nicht auf eine Auflösung des Projekts ankommen lassen wollte.
Dann begriff er endlich, dass es gar nicht um mangelnden Auftrittswillen allein ging, sondern darum, dass er keines der Bandmitglieder gefragt hatte. Als er uns dann nach langem Hin und Her doch noch die Zusage zu einem Auftritt abgerungen hatte, war seine Welt wieder in Ordnung und es ging weiter im Programm. Dieses war durchaus hörbar, aber nicht nur ich hegte Bedenken, es schon einem Publikum vorzustellen.
Am Rückweg von der Toilette traf ich auf den Schlagzeuger, der mir in Verschwörermanier zu verstehen gab, dass er Heli für diese Aktion zu einem Vollidioten degradierte. Anton verhielt sich neutral, und der Bassist gab sich auch nicht wirklich glücklich bezüglich dieses Arrangements.
Bei der Sonntagprobe überreichte uns Heli Merkblätter mit dem Auftrittstermin und der Reihenfolge der zu spielenden Musikstücke, einer Beschreibung des Anfahrtsweges und einer Kontakttelefonnummer des Veranstalters.
In den nächsten zehn Tagen betrat ich das Schulgebäude kein einziges Mal und bereicherte mein Fehlstundenkonto. Des Öfteren stand ich schon sehr früh, noch vor Sonnenaufgang, auf, suchte mir am See eine als geeignet erscheinende Stelle und warf dort meine Angelhaken samt Köder aus. Fast jeden Spätnachmittag fand ich mich am Tennisplatz gleich hinter unserem Wohnhaus ein, um dort das eine oder andere

Match zu spielen, später wohnte ich den tagtäglichen Trinkgelagen und gelegentlichen Grillfesten bei.
Am vorletzten Samstag vor der Zeugnisverteilung fand das traditionelle Fußballspiel gegen die Parallelklasse auf dem vernachlässigten Feld eines aufgelösten kleinen Klubs statt. Soweit ich mich erinnern kann, staubte ich als aufgerückter Verteidiger ein Tor ab, egalisierte dieses in der Endbilanz jedoch durch ein übles Foul am gegnerischen Stürmer, welches einen Elfmeter verursachte, den unser Tormann nur knapp verfehlte. Wir verloren das Spiel mit einem Tor Differenz.
Das daran anschließende Besäufnis zog sich in die Länge, somit brauchten Anton und ich gar nicht ans Proben denken, auch waren wir von den harten Bandagen am Rasen reichlich lädiert. Wir setzten die Sauftour in verschiedensten Lokalen fort und legten uns erst spät auf unsere Lager in seinem Zimmer. Bis wir am Sonntag bei Heli ankamen, waren wir wieder einigermaßen nüchtern und aufnahmefähig.
Der Gründer der Partie schaffte es mit seiner heute besonders auffälligen Unzufriedenheit, unsere angekratzten Nerven schnell bloßzulegen und alsbald befanden wir uns im Zwist mit ihm. Dank unserer Unnachgiebigkeit lenkte er rasch ein, jetzt war der denkbar ungünstigste Zeitpunkt für ein Zerwürfnis. Wir spielten unser Programm, ließen uns dann auf ein freies Zusammenspiel ein, nahmen die Lieder noch einmal durch, feilten ein wenig. Die Generalprobe wurde für Dienstagnachmittag festgelegt.
An diesem wartete ich mit laufendem Motor meines Mopeds auf dem Lehrerparkplatz auf Anton, hieß ihn aufsitzen und fuhr los. Wir kamen noch vor dem Bassisten und dem Schlagzeuger an und wurden von einem ziemlich überdrehten Heli herzlich begrüßt. Er rannte im Raum herum, verkabelte Mischpult, Monitor und Verstärker, plapperte ständig vor sich hin, ohne seine Worte an jemand Bestimmten zu richten, kaum verständlich, prüfte alle Kabel auf eventuelle Fehler.
Dann war die Truppe komplett. Wir nahmen Aufstellung und begannen mit dem einleitenden Stück. Schon nach einem Drittel des Liedes unterbrach Heli wegen irgendeiner Kleinigkeit. Beim nächsten Anlauf dasselbe. Beim dritten Durchspielen bekrittelte er für uns Unverständliches am Bassisten. In dieser Art ging es weiter, und wir brauchten sieben Anläufe, ehe wir die Einleitung durch hatten.
Selbstverständlich machte sich der Boss mit seiner Genauigkeit und Pedanterie nicht gerade beliebt bei der Truppe. Er wagte es sogar, beim nächsten Stück gleich wieder nach ein paar angespielten Takten zu unterbrechen. Der Schlagzeuger warf die Nerven weg und die Schlag-

stöcke hinterher, rannte aus dem Raum hinaus in die frische Landluft, um sich wieder einzukriegen.
Die verbleibenden Sackratten nahmen sich ein Herz und Heli beiseite, um diesem beizubringen, dass wir so nie einen Durchgang beenden würden und es nicht anging, dass er die Bandmitglieder derart vor den Kopf stieß.
Somit brachten wir es zumindest einmal bis zum fünften geplanten Titel und einer Pause, die durch die höchst konfliktgeladene Stimmung und ein paar kleine, auflockernde Scherze, welche der Bandgründer in die falsche Richtung interpretierte und einschnappte, kaum zur Entspannung beitrug.
Unmut machte sich breit und es bedurfte gehöriger Disziplin und Verdrängung, dass sich die Gruppe nicht auf der Stelle auflöste. So viel Freude und Lust ich an den ansonsten unbeschwerten und inspirierenden Proben gehabt hatte, hier war der Spaß definitiv zu Ende. Ich hatte innerlich mit der Band abgeschlossen und wusste bereits, dass ich mich am Konzert nicht beteiligen würde.
Ein Blick zum Bassisten sagte mir, dass auch dieser das Handtuch geworfen hatte und fehlen würde. Wir brachten die abschließende Probe doch noch zu einem Ende und verabschiedeten uns, manche noch in der Annahme, dass wir am Freitag vor großem Publikum auftreten würden. So sehr es mich schmerzte, brachte ich es dennoch nicht übers Herz, Anton beizubringen, dass ich mich von der Sache abnabelte.
Die nächsten zwei Tage verbrachte ich zuhause, am Nachmittag ging ich schwimmen und den Abend verbrachte ich am Tennisplatz. Das Schweigen war noch immer die Hauptvariante der Unterhaltung zwischen mir und meinen Erziehungsberechtigten. Noch dazu bekamen diese die Panik, meine schulischen Misserfolge vor meiner Mutter rechtfertigen zu müssen.
Am Abend vor der Zeugnisverteilung hörte ich mir eine zusammengeschnittene Chromdioxidkassette mit den besten Versionen der von HELI BLAUSACK UND DEN SACKRATTEN gekupferten Fassungen der ROLLING STONES, der ANIMALS, CREAM, ROXY MUSIC, THE CLASH und weiteren Größen der Rockmusik an und bedauerte, dass die Sache kein gutes Ende finden würde. Heli tigerte sicher gerade bei sich zu Hause im Proberaum die Wände entlang oder quälte seine Gitarre. Die mit der Zeit erarbeiteten Musikstücke zerbrachen unter dem Druck einer öffentlichen Vorstellung.
Am Freitag morgen fuhr ich wie immer mit dem Regionalzug ein paar

Minuten nach sieben los, unterließ es aber, mich den Schülermassen in ihrem Marsch in Richtung Schulgebäude anzuschließen und setzte mich lieber mit ein paar anderen Gleichaltrigen, die nicht willens waren, das Gesülze und den Sermon, der an diesem Tag während der ersten zwei Unterrichtseinheiten verkündet wurde, anzuhören, an einem Ecktisch in der Bahnhofsrestauration fest und trank zwei mittlere Cola-Rot. Ich freute mich, dass auch Joe, der extrem gut mit dem Zeichenstift umgehen konnte, keine Lust auf Rückblicke, Ermahnungen und seichte Anekdoten hatte, sondern lieber mit mir diskutierte. Schließlich teilten wir uns zu viert das Fahrgeld für ein Taxi, da wir zu betrunken und faul waren, die mehr als fünfzehn Gehminuten bis zur Schule in Kauf zu nehmen. Dort angelangt, teilten wir uns auf die jeweiligen Klassen auf und warteten auf unsere Zensuren.

Da der Anfangsbuchstabe meines Familiennamens ziemlich weit hinten im Alphabet aufscheint, fadisierte ich mich, bis der Klassenvorstand mir endlich das Dokument meiner schwachen Leistungen und heftigen Verfehlungen im Betragen, der un- und entschuldigten Fehlstunden in gröberen Hundertereinheiten, kommentarlos übergab. Flugs packte ich meinen Ranzen, winkte meinen nun ehemaligen Klassenkameraden zum Abschied zu und war weg.

Ich nahm den Schnellzug um kurz vor halb zwölf, trudelte mit dem Mittagsläuten zuhause ein und setzte mich an den gedeckten Mittagstisch. Da mich niemand aufforderte, mein Zeugnis zu präsentieren, unterließ ich dies auch tunlichst, denn stolz war ich darauf nicht, vor allem, da ich auch in den bescheuerten Fächern wie Turnen und Religion nur ein Befriedigend eingefahren hatte.

Ich verzog mich erst auf mein Zimmer, nutzte dann aber das Schönwetter und fuhr an einen Badesee. Zwischen den Runden und Tauchgängen im angenehm temperierten Berggewässer dachte ich kurz einmal daran, dass jetzt bald das heute angesetzte Freiluftkonzert beginnen würde, und damit Helis hektische Fragerei, ob mich denn keiner gesehen hätte oder ich erreichbar wäre, letztendlich Enttäuschung und Frust über mein Fortbleiben.

Ich traf Anton am Wochenende darauf zu einer Tour durch die Lokale der Kur- und Schulstadt. Eingangs blieb er relativ wortkarg, ich spürte, er war böse auf mich, weil ich den Bühnenauftritt geschmissen hatte. Frohnatur, die er war, taute er jedoch rasch auf und berichtete.

Der Auftritt war das reinste Debakel geworden. Die Musiker wurden nach und nach nervöser, da der Sänger nicht auftauchte.

Heli flippte restlos aus und schmiss mich in Abwesenheit aus der Band. Er meinte, er würde es schon schaffen, meinen Gesangspart zu übernehmen. Beim Intro, JUMPIN' JACK FLASH, ging es gerade noch, obwohl er Schwierigkeiten damit hatte, den Rhythmus zu halten. Er schob seine Unfähigkeit jedoch auf den Schlagzeuger, der bereits ein wenig zu tief ins Glas geschaut hatte und die Schlagzeugstöcke wütend ins wartende Publikum warf.
Als sie sich wieder eingekriegt hatten, spielten sie eine Instrumentalnummer, die viele Zuhörer für eine Eigenkomposition hielten, obwohl sie das nicht war.
Dann intonierten sie LONDON CALLING, eine Nummer, die einiges an Proben und Feingefühl erfordert, um Einsatz und Tonlage zu treffen. Nichts davon geschah, die Truppe brach den Song mittendrin ab und erntete erste Pfiffe. Anton rettete vorübergehend mit einem Gitarren-Solostück die Lage, meinte dann, es wäre besser, von der Bühne abzugehen.
Heli jedoch, unbelehrbar und stur, trieb an zum nächsten Lied.
Vor den daraufhin geworfenen Dosen und sonstigen Gegenständen konnte sich die Band gerade noch in den Backstagebereich retten. Das war das Ende.
Die Sackratten kündigten daraufhin ihrem Wirt und zerstreuten sich in alle Himmelsrichtungen.
Anton blieb mein Freund und maturierte, im Gegensatz zu mir, zwei Jahre später, mit einer durchschnittlichen Leistung. Als wir uns in Wien wieder trafen, hatte er verschiedenste Studienrichtungen durch inskribiert, keine passende gefunden und verkaufte Versicherungen.
Der weit gereiste Tripper erwischte mich, dank der Leichtsinnigkeit und wahllosen Herumfickerei vieler Bekannter, ziemlich am Ende seiner Entwicklung kalt, mutiert und aggressiv. So peinlich und schmerzhaft die Infektion, war sie harmlos gegen andere Erfahrungen, die das Leben sonst für mich bereithielt.

KULTURJOURNALISTISCHE PUBLIKATIONEN

AUS MEINER VERTRIEBSTRICKKISTE

(Diese „Wienzeile“-Rubrik wurde von Thomas Frechberger ins Leben gerufen. Mit seiner Genehmigung ist sie auch von anderen WZ-Redakteuren und Kolporteuren verwendbar.)

Aus dem „Standard“ vom 24. November 2008 erfahren wir, zitierend Hrn. Ruiss von der IG Autorinnen/Autoren: die „traurige Praxis der Nichtbeachtung von Anliegen der Literatur setzt sich fort.“. Dies im Kontext zu „Kultur unter „Rot- Schwarz“, zum Thema „umgehende Einleitung von Verbesserungen für die Existenz- und Arbeitsbedingungen“ von Künstlern in Österreich.

Ein nobles Ansinnen, dem ich nur zustimmen kann, denn alle Bemühungen in Richtung direkte Vermittlung von Kunst und Kultur, Kontakte herstellen mit der Öffentlichkeit, werden auch noch nach Jahren der harten Arbeit mühelos unterlaufen, binnen Sekunden zunichte gemacht. Sie glauben mir das nicht?

Es gibt, über ganz Wien verstreut, nur vier Menschen, welche selbst geschriebene Literatur in der einen oder anderen Form, von kopiervervielfältigten Zetteln über geheftete Broschüren bis hin zum reingeschriebenen, gebundenen „Manuskript“, weniger auf der Straße denn in den verschiedensten Lokalen und Cafes, vertreiben.

Die Reaktion der dort verkehrenden Personen ist in keinem Fall Desinteresse oder Ablehnung. Viele sahen und sehen die Direktkolportage „eigenverlegter“ Publikationen als Bereicherung des urbanen Lebensgefühls. „Literatur frei Haus“, wie ein hellhörig gewordener Journalist diese Form der Kulturvermittlung in seinem Bericht darüber betitelte.

Zwei von diesen waren oder sind Autoren/Mitarbeiter des Magazins WIENZEILE und haben hauptsächlich die Ausgaben, in denen ihre Beiträge abgedruckt waren, mitgenommen auf die Tour von Lokal zu Cafe, von Tisch zu Tisch und so nicht nur sich, sondern auch den anderen Kulturschaffenden, die diese Plattform zur Veröffentlichung nutzten, zu einer Präsenz und Wahrnehmung durch die Käufer verholfen. Es hat, durch langjährige Erfahrung und Professionalität, selbstsicheres Auftreten, Kommunikationsfreudigkeit und ein Wissen darüber, wie weit das Engagement beim Verkaufsgespräch gehen darf, NIE Schwierigkeiten mit Lokalbesitzern gegeben. Ein gutes Drittel von denen ist von Mal zu Mal bereit, selbst das Medium anzukaufen und den Schriftstellern, die sich da noch als Kolporteure engagieren, das Leben ein wenig leichter zu machen. Umso weniger ist es daher verständlich, weshalb der

Lokalbetreiber des Café ALT WIEN, von dem man annehmen könnte, er sei der Kunst und Kultur gegenüber aufgeschlossen (gerade wegen dieser Atmosphäre zieht es die Leute dort hin), es soweit geschafft hat, dass jetzt dieser Artikel dagegen spricht.
Zumal mir Bekannte, die von allem Anfang an der WIENZEILE mitarbeiten, erzählt haben, dass die eigentliche Geburtsstunde des Magazins dort anzusetzen ist. Der heutige „Chef" war damals noch ein ganz normaler Kellner. Sein wirtschaftlicher Aufstieg ist ihm wahrscheinlich derart zu Kopf gestiegen, dass er derartige Arroganz an den Tag legen mag. Ein letzter Versuch, ihn zu verstehen.
Vor zwei oder drei Wochen, es war notwendig geworden, wieder einmal durch Verkauf von Zeitschriften (vielleicht auch eines oder mehrer meines mittlerweile gedruckten Buches) ein wenig Geld in die Haushaltskasse zu bringen, es standen wieder einmal unerwartete Ausgaben an und auch sonst schauten die Finanzen reichlich mies aus, ging ich daher die Strecke vom Schottenring via AERA in die Bäckerstraße, betrat das ALT WIEN und wollte gerade die Magazine und ein oder zwei Bücher aus meiner Umhängetasche ziehen, da hatte mich N. schon anvisiert und meinte, heute bräuchte ich hier keine Runde zu drehen, denn „es sei gerade SO EINER WIE ICH dagewesen"!
Ich sollte „irgendwann nächste Woche wiederkommen".
Ich bin wirklich kein unhöflicher Mensch, was aber nicht bedeutet, dass ich mir alles gefallen lasse oder mich ungerechtfertigt abkanzeln lasse, und gerade jenes „SO EINER WIE ICH" hatte er mit abwertender Herablassung hervorgebracht.
Ich ärgerte mich. Ausreichend. Andererseits dachte ich mir, dass ein Individuum, welches ohne die geringste Ahnung, was ich da gerade aus meiner Tasche auspacken wollte, derart von Vorurteilen und Selbstherrlichkeit geritten wird, es nicht wert ist, von mir ernst genommen zu werden, drehte mich um und machte mich davon, meinem Ärger halblaut Luft machend. Verstehen konnte N. meine Worte sicher nicht. So weit ich mich erinnern kann, murmelte ich, hauptsächlich zur Selbstmotivation, „gut, dann geh ich halt ins Havelka, dort bin ich wenigstens immer willkommen, da würdigt man die Künstler noch …" oder so ähnlich.
Zusammen mit den Schwingungen, die aus meinem Ärger resultierten, wurde dem N. aber doch ein wenig komisch, er glaubte, sich provoziert fühlen zu müssen.
Da sein Gehirn nicht kapierte, dass der Verursacher der „schlechten Laune" er selbst war, kam es zum nachfolgenden Szenario.

Als ich, seinen „Richtlinien“ folgend, nach über einer Woche wieder kam, gerade einmal ein paar Schritte in die gut besuchte Lokalität vordrang, erblickte mich N., verzog angesäuert das Gesicht und drückte seine massive Gestalt gegen den Tresen, fixierte mich und vereitelte mein kulturpolitisches/überlebensnotwendiges Unterfangen mit dem Ausspruch: „Nein, dieses Mal erst recht nicht!“ Auf die Frage nach dem WARUM kam das absolut kindische Argument: „DU (keine Umgangsformen, dieser Mensch!) warst beim letzten Mal frech!“
Bitte, wo bin ich hier gelandet? Im Kindergarten? Darf man keine Meinung, keinen Standpunkt haben, nicht auf sich ein wenig stolz sein?
Hatte der Typ auch nur die geringste Ahnung, wer ich bin? Wer sich die paar Minuten Zeit nimmt, unter meinem Künstlernamen zu recherchieren, wird auf eine ausreichend lange Liste von kulturellen Projekten und Arbeiten stoßen, welche sich im Lauf der Jahre angesammelt haben.
Diese Reaktion allerdings verdammte mich zu momentaner Sprachlosigkeit.
Ich schaffte es gerade noch, nicht ROT zu sehen und auf der Stelle einen Skandal anzuzetteln, drehte mich auf dem Absatz um und stürzte hinaus in einen kalten, regnerischen Abend. Gut, dass ich mich so weit im Griff hatte, nur geistig eine Notiz abzulegen, denn die nächsten Lokale, die ich im Normalfall nur sporadisch aufsuche, brachten mit immerhin drei verkauften Büchern und ein paar Münzen Spende, genug für ein Packerl Zigaretten ein, und ich konnte endlich nach Hause.
Doch die Zeit in der Straßenbahn, wo ich mich nicht auf das Anpreisen von Literatur, ein Verkaufsgespräch oder solches mit informativem Charakter konzentrieren konnte, wurde zu einer Quelle der aufkeimenden Wut, vor allem der Frage, weshalb ich derart ohnmächtig das Feld räumen musste.
Ist es deshalb, weil Wien anders ist? Weil der N. befürchtet, dass ein paar seiner Gäste ein Bier oder ein Achterl weniger trinken, wenn sie Geld für (ja, wofür denn eigentlich, wenn MENSCH nicht einmal dazu kommt, das Anzupreisende auszupacken?) … ausgeben?
Weil das ALT WIEN eben nicht mehr ein Treffpunkt für Künstler, Studenten, Boheme etc. ist sondern ein streng bewachtes Schürfgebiet für den Mammon jener Gutgläubigen, die auch aus diesem Grund dort zusammentreffen, die lockere, verbindende Atmosphäre suchen? Weil niemand richtig auf den Tisch haut und sagt: „Herr N., so geht das nicht, FUCK YOU“. Und wenn unser Herr Kulturstadtrat die Sache selbst in

die Hand nähme und diesem Idioten einmal ganz gehörig „die Leviten läse“, den „Kopf nach vorne richtete“?
Weil es nur noch so wenig Solidarität gibt und es unmöglich scheint, dass nach Bekanntwerden dieser Tatsachen die Menschen, die ihre Nachmittage und Abende dort verbringen, sich geschlossen hinter die Kunst- und Kulturschaffenden stellen und diese Art des Umgangs mit denselben sabotieren und diesem Ort fernbleiben, zumindest derart spürbar, bis der Betreiber den notwendigen Respekt vor dem Engagement und den Bedürfnissen derselben bekommt. Weil das Finanzamt beim Umsatz kräftig mitschneidet und Geld letztendlich das ausschlaggebende, alles andere unterordnende Argument ergibt? FUCK YOU all, FUCK YOU!
Ich habe am selben Abend Günther G. angerufen und ihn gefragt, ob ich dieses Erlebnis thematisieren dürfe. Im Sinne der Sache stimmte er zu, auch unter dem Aspekt, dass die WIENZEILE nie wieder an ihre „Geburtsstätte“ zurückkehren wird ...

DONAUWELLENDIALEKT

ein Dramolett

Vor ein paar Tagen, weit nach Mitternacht, zu reichlich fortgeschrittener Stunde. Am Ufer des Donaukanals, ganz in der Nähe des Anlegeplatzes des schnittigen Schiffes, welches die Hauptstädte zweier Republiken einander näher bringt, tänzelt, sichtlich bestgelaunt, ein in Schwarz gekleideter Mensch, mit Schal und prächtiger Haarmähne, der, wie sich nach kurzer Weiterführung eingehender Betrachtung, als der weithin bekannte, gerne gesehene Gast gehobener Gesellschaften, Haarkünstler und Kolumnist, gegen das herannahende Morgengrauen hin nun deutlicher abzeichnet und als ebendiese Person entpuppt.

Übersprudelnd vor gehobener Laune schmettert diese nun dem anbrechenden Tag ein aus tiefster Brust hervorgelocktes, volltönendes „Figaro, Figaro, Fi-garo!“ entgegen.

Die Fauna des ehemaligen Augebietes nimmt dies als Weckruf auf und echot die Tonfolge als mannigfaltige Variation. Durch die Reaktion der Umgebung bestätigt, bestärkt und beflügelt, dreht sich das drollige Männlein nun ein paar Mal um die eigene Achse. Mangels vollkommener Körperbeherrschung im angeheiterten Zustand – ein dezenter Schwips – sind die beschriebenen Kreise jedoch eher unregelmäßig und führen den durch die Summe der Eindrücke höchst inspirierten, morgendlichen Einzelgänger manchmal gefährlich nahe an den Rand der Mole, so, dass zu befürchten ist, eine weitere kleine Unachtsamkeit, ein minimaler Fehltritt würde unweigerlich zu einer Konfrontation mit den noch recht kühlen, träge dahin ziehenden, dunkel und gespenstisch anmutenden Fluten führen, Gesang und Tanz jäh unterbrechen.

Eben da kommen einige Wassermoleküle, noch im Verbund, gerade einmal eine Hand voll Wasser, vorbei, welche den langen Weg aus den Ursprüngen der Traun bis hierher gefunden, und sehen das sich in derartige Gefahr leichtsinnig begebende Menschenkind. Sie sind rasch einig, dass Handlungsbedarf besteht und, um seine Aufmerksamkeit buhlend, raunen sie dem Maestro zu: er-ICH, er-ICH …

Aus den Tiefen seiner Verklärung hoch tauchend, nimmt er einen tiefen Atemzug der frischen, morgendlichen Brise, schüttelt sich und glaubt, da weit und breit keine Person zu sehen, einer Täuschung erlegen zu sein, doch … da sind die Stimmen wieder: er-ICH, er-ICH,

Dieser, zum Teil konsterniert, zum Teil ungehalten darüber, dass man

ihn der entrückten Stimmung beraubt hat: „Geh, lasst doch den Blödsinn, was wollt ihr überhaupt von mir?“
Darauf geben diese, ohne ihre Herkunft zu verleugnen, in der ihnen eigenen Mundart, die sehr direkte Antwort: „Geh Jo Ham“!

HETZJAGD AUF DIE FREIE VERBREITUNG VON KULTUR?

Ziemlich besorgt meldet sich in mehreren Zuschriften der „Zettelpoet" Helmut Seethaler, der sich durch ein Ausweichen auf alternative Verbreitungsmöglichkeiten seiner Literatur (Beschriften von Bauwänden, Steinplatten etc.) ganz schön Ärger eingehandelt hat. Ein Schriftzug (mit Textmarker) www.hoffnung.at und seine Festnetznummer auf Steinplatten vor dem Wiener Museumsquartier (MQ) zeitigten eine Anzeige, an sich nichts Ungewöhnliches, davon hat er Unmengen hinter sich. Spätestens in zweiter Instanz wurde er in den meisten Fällen freigesprochen (siehe Interview in WZ#55). Auch war in vorherigen Fällen von Verwaltungs- also Geldstrafe die Rede. Diesmal aber wurde am Oberlandesgericht Wien in der Wickenburggasse verhandelt und die Richterin verhängte eine bedingte Freiheitsstrafe von zwei Monaten wegen Sachbeschädigung (obwohl sich der Angeklagte in diesem Fall als „nicht schuldig" bekennt und dieses sogar bedauert!). Seethaler hintertrieb die Angelegenheit als öffentlichkeitswirksames Spektakel und beschrieb nach Urteilsverkündung den Flur des Landesgerichts – wohlgemerkt mit abwaschbarem Stift – mit den Worten „KUNSTVERMITTLUNG BRINGT MI INS HÄFN" und seiner Signatur. Und das unter den Augen von zwei Gesetzeshütern, eigentlich zum Saalschutz abgestellt, die nicht eingreifen. Stur ist der schon, der Mensch. In diesem Falle gibt es keine Konsequenzen, aber das System ist gewarnt.
Bei der nächsten Verhandlung, in einer ähnlich gelagerten Causa, wird er nach neuerlicher Verurteilung (und der selbstverständlichen Berufung gegen das Urteil) am Weg zur Straßenbahn von der Polizei verhaftet und für drei Stunden in Verwahrung genommen, wohl, um kein weiteres Mal seiner freien Meinung Lauf lassen zu können.
Am nächsten Tag spitzt sich die Lage noch mehr zu. Mich erreicht eine E-Mail, er sei verhaftet worden, da – laut einer anonymen Anzeige – jemand glaubt, er wolle sich umbringen. Mittlerweile ist er zu der Schlussfolgerung gekommen, seine Äußerung, „dass er Angst vor dem Gefängnis hat", in einer E-Mail an das MQ, wird von dort und von der Polizei dahingehend interpretiert, dass er beabsichtigt, Selbstmord zu begehen. Pure Mutmaßung. Er wird auf den Polizeiposten Bäuerlegasse in den zwanzigsten Gemeindebezirk verfrachtet und muss dort warten, bis ein Amtsarzt aufgetrieben wird, der über seinen psychischen Zustand befindet. Meines Wissens kann ihm dieses Vor-

gehen eine Nacht in der Gefängniszelle bescheren, was den Anschein erweckt, dass seine Feinde und Neider jetzt ganz gezielt gegen ihn agieren und selbst vor solchen Mitteln nicht zurückschrecken – es ist ja schließlich eine seltsame Handhabung, einen Menschen, dem es psychisch schlecht gehen soll, von der Polizei abholen zu lassen! Im Normalfall wird wohl doch eher der Notarzt gerufen! Um elf Uhr vormittags, er will gerade die Post holen und öffnet zufällig die Tür, stürmen drei Polizisten die Wohnung und nehmen ihn fest, „um ihn vor sich selbst zu schützen"!
Um 14 Uhr kommt die Amtsärztin, stellt in ihrem Gutachten fest, dass mit Helmut alles in bester Ordnung ist und keine Gefahr besteht. In der Zwischenzeit haben derart viele Journalisten angerufen, dass man es sicher für klüger hielt, nicht gegen ihn vorzugehen.
Nach all diesen üblen Erlebnissen und angsterfüllten Tagen und Nächten dürfte sich aber abzeichnen: Helmut Seethaler fällt gerne auf die „Butterseite" und hat als gute Fee die Elfriede Jelinek, die sich mit anderen namhaften Autoren (Robert Menasse, Gerhard Ruiss von der IG AutorInnen, Peter Turrini etc.) für die Schaffung eines Preises der Stadt Wien für interdisziplinäres Arbeiten (in diesem Fall die „Disziplinen" Literatur, Publizistik und Volksbildung) einsetzt, der Helmut Seethaler zugesprochen werden soll. Ich selbst stimme der Ausschreibung eines solchen vollinhaltlich zu, empfehle jedoch, vor einer endgültigen Vergabe, zur Objektivierung die sehr vielfältigen und ehrlichen Kommentare im *„Standard"*!

GOOGLE IST UND BLEIBT GEFÄHRLICH

In der „Wienzeile“ No. 55 findet sich ein ziemlich ausführlicher Beitrag zum Urheberrechtsstreit zwischen Google und der amerikanischen Autorenvereinigung, der auch in Europa mit Widerwillen wahrgenommen wurde, da ohne vorherige Zustimmungseinholung Millionen von Büchern eingescannt wurden.
Ein Vergleich vor Gericht stand an.
Am 7. Oktober 2009 hat vor dem zuständigen Gericht in New York eine „Status-Konferenz“ stattgefunden, die unter anderem zu folgenden Ergebnissen geführt hat:
Der Urheberrechtsvergleich wird in der dem Gericht vorliegenden Form nicht genehmigt. Die Parteien wurden aufgefordert, einen neuen Vergleich vorzulegen. Zwar ist derzeit nicht bekannt, welcher Art die Änderungen sein werden, allerdings ist die aktuelle Fassung jedenfalls hinfällig.
Ein „Fairness Hearing“ soll nun erst im Jänner 2010 stattfinden.
Die Frist für die Geltendmachung von Vergütungsansprüchen für widerrechtlich vorgenommene Digitalisierungen wurde vom 5. Jänner 2010 auf den 5. Juni 2010 verschoben.
Die Konsequenzen sind für die Literar-Mechana erst dann abschätzbar, wenn die neue Fassung des Vergleichs vorliegt. *(Quelle: Literar Mechana)*
Darüber hinaus verliert der Suchmaschinen-Gigant ständig an Sympathien und wird mancherorts vehement bekämpft, wie im deutschen Ratingen, wo die Stadtverwaltung vom Konzern eine Sondernutzungsgebühr für die Fahrzeuge, die mit 360°-Kameras gerüstet die Umgebung für „Google-Earth-View“ aufzeichnen, einheben will. Sollte Ratingen in einem Prozess Recht bekommen, kann dies von anderen deutschen Städten als Präzedenzfall herangezogen werden und Google wird diese Ambitionen auf Grund der immensen Kosten einstellen müssen.
Google hat sich in nur zehn Jahren vom einfachen Anbieter einer Suchmaschine im Internet zum größten Player im Webbusiness entwickelt. Die Macht des Unternehmens ist beeindruckend und beängstigend zugleich und zieht selbstverständlich eine ständige Beobachtung durch Datenschützer auf sich.
Ein Hauptthema dabei ist die Web-Seitenanalyse, welche nicht zuletzt wegen der wirtschaftlichen Bedeutung eine große Rolle spielt. Statistik-Werkzeuge dienen Webseiten-Betreibern dazu, genaue Auskunft über die Besucher der Webseite und deren Aktivitäten zu erhalten. Mit

den dabei entstehenden Nutzungsprofilen lässt sich das Surfverhalten einzelner Personen ohne deren vorherige Einwilligung individuell speichern und auswerten, so die Kritiker. Dass hier Visionen der totalen Überwachung und Kontrolle der Internet-Nutzer heraufbeschworen werden, ist nicht weiter verwunderlich.

Durch Urheberrechtsverletzungen, Monopolstellung und Datenschutzverstöße ist der in seinen Anfangszeiten beliebte und willkommen geheißene Suchmaschinen-Anbieter zum neuen Feindbild geworden. Die Gier nach Daten und deren hemmungslose Handhabung stoßen auf mehr und mehr Widerstand.

Im **„Heidelberger Appell"** eröffnet der Germanistikprofessor Robert Reuß: *„Das verfassungsmäßig verbürgte Grundrecht von Urhebern auf freie und selbstbestimmte Publikation ist derzeit massiven Angriffen ausgesetzt und nachhaltig bedroht"* seinen Protest gegen den „Internet-Diktator". Der Aufruf richtet sich an die Bundesregierung, mit dem Ziel, das Urheberrecht gegen Google mit allen Mitteln durchzusetzen, da *„jeder Zwang, jede Nötigung zur Publikation in einer bestimmten Form ebenso inakzeptabel ist wie die politische Toleranz gegenüber Raubkopien, wie sie Google derzeit massenhaft herstellt"*. Insgesamt 1800 unterzeichnende Autoren und Wissenschaftler fürchten um ihr Recht, selbst zu bestimmen, ob und wo ihre Werke veröffentlicht werden.

Es ist daher nach wie vor angebracht, den Konzern (der soeben sein neuestes Produkt NEXUS auf den Markt wirft) und seine Umtriebe im Auge zu behalten und das (in Europa generell besser geschützte) Urheberrecht einzufordern.

DAS GOOGLE-GEMETZEL

Am 23. April 2009 jährte sich der Welttag des Urheberrechts. Der Tonträger-Verband *ifpi* und der Zeitungsverband haben die „Plattform geistiges Eigentum" ins Leben gerufen.
Logo ist das eingekreiste „Copyright-C". Die Herrn Menasse, Hackl und Neisser überreichten Nationalratspräsidentin Barbara Prammer ein „Manifest zum Schutz geistigen Eigentums" unter den Aspekten, dass „geistige Leistungen der Allgemeinheit zur Verfügung stehen sollen, der freie Zugang zu Wissen und zu kreativen Produkten und Prozessen erlaube jedoch nicht das kostenlose Kopieren, Verbreiten und Verwenden", weiter „Urheberrechte müssen gewahrt und eine faire Entlohnung der Kreativen sichergestellt sein, gerade in einer wissensbasierten Gesellschaft" sowie letztendlich der Feststellung, dass *„Diebstahl geistigen Eigentums kein Kavaliersdelikt sei, wer dies ignoriere, missachte Freiheit, Demokratie und Gerechtigkeit"*. So berichtete der „Standard" in der Printausgabe des 21. April 2009, auch, dass das Manifest breit plakatiert und inseriert werde. Betitelt war der Artikel mit „Schleichende Enteignung geistigen Eigentums".
Die Namensgebung mutet eher seltsam bzw. nach böswilliger Untertreibung an, denn einige Wochen zuvor folgten kurz aufeinander die Aussendungen von IG AutorInnen und Literar Mechana, welche die jeweiligen Mitglieder über den Großangriff des Suchmaschinen-Anbieters GOOGLE auf dieses warnten. Mensch sollte selbige besser unter „galoppierende Inanspruchnahme fremder Druckwerke" reihen. Allgemeine Empörung herrscht bei den Interessenvertretungen. Die IG AutorInnen hat demnach festgestellt, dass GOOGLE nahezu alle Werke österreichischer AutorInnen und Verlage erfasst hat. Zur Feststellung und Geltendmachung von Rechten regt der Suchmaschinenbetreiber die Errichtung eines Autoren- oder Verlagskontos auf seiner Vergleichsseite an. Eigentlich eine clevere Taktik, da ein „Nebeneffekt" eines solchen wäre, dass GOOGLE damit weitreichende Informationen über Rechts- bzw. Vertragsverhältnisse und persönliche Daten erhält und auf diese Weise eine weltweit agierende Verwertungsagentur bzw. Verwertungsgesellschaft frei Haus geliefert bekäme.
„In der Geschichte des Urheberrechts sind noch nie sieben Millionen Bücher ohne Genehmigung der Rechteinhaber von einem kommerziellen Unternehmen zur eigenen Nutzung vervielfältigt worden",

so Alexander Skipis, Hauptgeschäftsführer des Börsenvereins des Deutschen Buchhandels.
Die amerikanische Lösung kommt einem Ausverkauf von Urheberrechten gleich und gefährdet die soziale und ökonomische Lage der Autoren existenziell", erklärt der Vorsitzende des Verbandes Deutscher Schriftsteller, Imre Török.
GOOGLE verharmloste erst die Angelegenheit und berief sich darauf, dass pro Abruf nur wenige Seiten aus den Büchern zugänglich gemacht würden, was von der Zitierfreiheit gedeckt sei, Autoren und Verleger waren demgegenüber der Ansicht, bereits das Einscannen stelle eine Vervielfältigung dar, welche ihrer Zustimmung bedürfe.
Unter dem Titel „Google Library Project" hat Google bereits 2004 begonnen, die Bestände amerikanischer Bibliotheken zu digitalisieren, um sie für Online-Nutzung in den USA bereit zu halten. Allerdings ohne das Einholen der erforderlichen Genehmigungen, da sie diese Nutzung kurzerhand als eine Art „freie Werknutzung" interpretierten. Dagegen haben amerikanische Autoren- und Verlegervertreter eine „Class Action", ein gängiges Rechtsmittel, erhoben. Unabhängig von der Kenntnis des Rechtsstreits gilt die gerichtliche Entscheidung künftig für alle Betroffenen, letztendlich auch für österreichische Autoren und Verlage. Nach Genehmigung des Vergleichs ist Google autorisiert, Bücher und Beilagen im vereinbarten Umfang zu scannen und zu nutzen. Erst einmal ins Rollen gebracht, vollzog sich die Prüfung durch das zuständige Gericht nun reichlich rasch und Google hat sich mit dem Verband AAP auf eine Abfindungssumme von 125 Millionen USD geeinigt, was man nun erst einmal in eine Relation zu der Anzahl der Anspruchsberechtigten setzen muss.
Für Bücher, die Google bis zum 5. Mai 2009 ohne Genehmigung einliest, leistet das Unternehmen eine Schadenswiedergutmachung, im Durchschnitt pro Buch 60 USD, wenn der Anspruch fristgerecht, bis 5. Jänner 2010, gestellt wird. Danach 63 Prozent der Einnahmen, die aus der Nutzung der Bücher und Beilagen aus dem Vergleich erwirtschaftet wird. Die Rechte können durch Autor, Verleger oder bevollmächtigten Vertreter geltend gemacht werden, sofern diese über die jeweiligen Rechte nach nationalem Recht verfügen. Hier noch etwas zu verstehen, erfordert ein enormes Fachwissen. Gut, dass es bei den Interessenvertretungen der Autoren für solche Angelegenheiten Spezialisten gibt, welche bestmögliche allgemein gültige Vertretungskonzepte, maßgeschneiderte Geschäftsmodelle für ihre Mitglieder entwickeln.

Der Umstand, dass sich die Autorenvertretungen mit dem ganzen rechtlichen Kram herumärgern müssen, liegt nicht zuletzt in der rasanten Entwicklung der Informations-Technologie, dem „elektronischen Medium" INTERNET begründet, auch in der Entwicklung von „PRINTING ON DEMAND" und E-Books. Die Literar Mechana versucht ein akzeptierbares Geschäftsmodell aufzubauen, um den heimischen Autoren bestmöglichen Schutz gegen nicht gerechtfertigte Werknutzung zu gewähren bzw. diesen für die Nutzung seines „geistigen Eigentums" zu entschädigen. Begründet liegt das nicht zuletzt darin, dass unkontrollierbare Massennutzungen, die Autor und Verleger nur schwer individuell wahrnehmen können, schon immer das „Kerngeschäft" von Verwertungsgesellschaften waren. Das gilt natürlich auch für den digitalen Bereich.

Die Literar Mechana und die deutsche Schwestergesellschaft arbeiten daher im Moment an der optimalen Verwertung der Urheberrechte unter dem Google-Vergleich und bieten an, in Zukunft die Verwaltung bestimmter Rechte zu übernehmen. Dazu erfolgt entweder einer Erweiterung des ursprünglich abgeschlossenen Wahrnehmungsvertrags oder die Verwertungsgesellschaften müssen schriftlich damit betraut werden.

Der aktuelle Vorschlag (eine neuerliche Aussendung an die Mitglieder Mitte Mai '09 weist auf aktuelle Änderungen des anscheinend doch noch nicht ausgestandenen Vergleichs-Prozesses hin) der Literar Mechana lautet, dass folgende Rechte aus dem Google-Vergleich mittels Beauftragung an die Verwertungsgesellschaft übertragen werden:

Der Vergütungsanspruch für Digitalisierungen von Büchern, die Google bis zum 5. Mai 2009 vorgenommen hat. Der Vergütungsanspruch für Digitalisierungen von Beiträgen („Inserts") in seit dem 1. Jänner 1987 erschienenen wissenschaftlichen Büchern, die Google bis zum 5. Mai 2009 vorgenommen hat.

Das Recht, vergriffene und lieferbare Bücher aus dem Digitalisierungs-Programm von Google zu entfernen.

Diese Rechteübertragung soll verbunden werden mit folgenden Änderungen des Wahrnehmungsvertrages: Der Literar-Mechana soll das Recht eingeräumt werden, digitale Nutzungen von vergriffenen Werken zu lizenzieren.

Der Literar-Mechana soll ferner im Hinblick auf lieferbare Werke das Recht eingeräumt werden, digitale Vervielfältigungen zu dem ausschließlichen Zweck zu erlauben, bibliographische Angaben im Internet anzuzeigen.

Auch wird von der Literar Mechana vorgeschlagen, nicht persönlich gegen Google vorzugehen, da eine Klage ein sehr kostenintensiver Prozess ist und in der Entwicklung durch die Rechtsstreitigkeiten schon viel Geld verschlungen wurde. Bis nun ein Geschäftsmodell feststeht, empfiehlt sich daher, von einer Geltendmachung individueller Rechte abzusehen.
Über die Weiterentwicklung des Dienstleistungsmodells wird unter *www.literar.at* auf dem Laufenden gehalten und informiert. Die durch die Literar Mechana vertretenen Bezugsberechtigten können davon ausgehen, dass die Gesellschaft die Dienstleistung in der bewährten Form nach den bisher schon für die kollektive Rechtewahrnehmung (Verwertung der Urheberrechte) geltenden Grundsätzen abwickeln wird.
Die IG AutorInnen sieht in Googles umfangreichem Online-Buchangebot mit Kaufoption einen weiteren Schritt zur Monopolisierung des Buchmarktes.
Der Börsenverein des Deutschen Buchhandels schätzt das in den USA angestrebte Google-Modell (der Anbieter macht und kontrolliert alles, von der Vorstellung der Bücher bis zu ihrer Verbreitung und Rezeption – was natürlich einer Abschaffung der vielfältigen Angebotsformen auf dem Buchmarkt gleichkommt) als ungeeignet für Deutschland oder einen der anderen europäischen Märkte. Der Hauptverband des Österreichischen Buchhandels nimmt höchstwahrscheinlich die selbe Position ein. Um Aufweichungen aller Art vorzubeugen, ist jedoch eine rasche Regelung im Umgang mit Volltextsuche geboten. Besonders wichtig ist diese für Österreich, wo es gebräuchlich ist, in Verlagsverträgen die Rechte für noch nicht entwickelte, künftige Verwertungsformen abzutreten und für den Autor keine Möglichkeit besteht, gegen eine Nutzung in bisher unüblicher Verwertungsform Einspruch zu erheben.
Die in Amerika angestrebte Einigung gleicht einem Ausverkauf von Urheberrechten und bringt Autoren, die dem Eintrag in das vorgesehene Buchrechte-Register nicht zustimmen, in eine Außenseiterposition.
Mit dem europäischen Urheberrecht ist eine solche Lösung unvereinbar. Die Urheberrechte der Autoren sind nicht verkäuflich.
In diesem Sinne lege ich allen Betroffenen nahe, bestehende Verträge mit ihrem Verlag auf Inhalte betreffend künftiger Verwertungsmöglichkeiten zu prüfen bzw. eine Anfrage zu tätigen, wie dieser dem Suchmaschinenanbieter und dessen Umtrieben gegenübersteht.
Ich kann hier nur empfehlen, der Literar Mechana beizutreten.

Mit 16. Oktober 09 informierte diese neuerlich, dass dem Vergleich zwischen Google und Autoren und deren Vertretung vor Gericht nicht stattgegeben wurde.
Weitere Fragen zum Thema an gelbsicht@yahoo.de bzw. an Sandra CSILLAG, Tel.: 587-21-61/DW 29 oder an Gerhard RUISS (IG AutorInnen), Tel.: 526-20-44/DW 13 und den HVB: Dr. Inge KRALLUPER, unter Tel.: 512-15-35/DW 25

ICH ODER DU: IN MEMORIAM HANSI LANG

Mit dem Ableben von Hansi Lang ist, nach Georg Danzer, eine weitere unausfüllbare Lücke in den Reihen der heimischen Musikergilde entstanden. Doch nicht nur diese, sondern auch Theater und Literatur erlitten einen herben Verlust.

Am 13. Jänner 1955 in Wien-Hernals als Sohn eines amerikanischen Offiziers und Emilie Lang geboren, hatte dieser seinen um sieben Jahre älteren Bruder, einen „Halbstarken" und Rock'n'Roller als Vorbild. Dessen Schallplattensammlung inspirierte ihn, schon als Dreizehnjähriger in einer Amateurband Schlagzeug zu spielen. Der anfänglichen Drum-Begeisterung folgte bald die Wandlung zum Sänger. Sein Bruder unterstützte diesen Traum und beschaffte ihm eine professionelle Gesangsanlage. Nach weiteren Erfahrungen mit den Bands PLASTIC DRUG und LORD PROOF AND THE PROOFCATS, mit denen er durch Österreich und Jugoslawien tourte, nahm er 1974 ein Engagement als Leadsänger der Gruppe NOSTRADAMUS an, um der Stellungs-Kommission des österreichischen Bundesheeres zu entkommen, und tourte mit dieser Band durch Holland, gönnte sich dann eine Pause in einer Kommune in Freiburg/BRD. Zurück in Wien, fand er bei der HALLUCINATION COMPANY ein Zuhause. Während einer einjährigen Haftstrafe (inklusive einer dreiwöchigen Tour durch österreichische Haftanstalten mit der Hausband HELLDOGS) schrieb er auch seine ersten deutschen Texte, veränderte seine Lebenseinstellung grundlegend, indem er sich mit Literatur, Poesie und Philosophie beschäftigte. Nach der Haftentlassung waren es seine Seelen-Wahlverwandtschaften Marianne Sägebrecht und Wickerl Adam, die ihn förderten. Sowohl auf der Bühne als auch bei Tonaufnahmen wirkte Hansi Lang bei der HALLUCINATION COMPANY, löste sich mental von seinem „Guru" Wickerl Adam und startete seine Solokarriere mit dem Debutalbum „Keine Angst". Auf Grund des Erfolges kam es zum zweiten Album, „Der Taucher". Es folgten Konzerte und Tourneen durch ganz Österreich und Deutschland, sowohl solo als auch mit der COMPANY. Im Laufe der Jahre entwickelte sich sein Interesse für Literatur und Schauspiel weiter und kulminierte in zwei Filmprojekten. Er spielte die Hauptrolle in D. Berners Film „ICH ODER DU" – zu dem auch die Filmmusik von ihm stammt – und in Peter Weibels „WIENER BRUT". Nach einer mehrjährigen kreativen Pause nahm er das von Peter Wuscits produzierte Album „Hansi Lang" auf. Dem unerwartet großen Erfolg folgte eine „Ochsentour" der

Präsentation und Konzertreihen. Das schauspielerische Talent stellte er in der Wiener Stadttheater-Produktion „MÄNNERSCHMERZEN" und im Metropol bei „WIENER LUST" unter Beweis, was sein erstes Engagement im „Theater in der Josefsstadt "nach sich zog, wo er mit Dolores Schmidinger im Stück „TINGEL-TANGEL" spielte. Auch in der Fernsehserie „TRAUTMANN" sah man ihn in einer kleineren Rolle. Sozial engagierte er sich in Interaktion mit dem „STIMMGEWITTER AUGUSTIN". Beim Projekt „Die Bucht von Wien" hat er gemeinsam mit dem Gitarristen Klaus WIENERROITHER bisher unvertonte Gedichte von H.C. Artmann in Lieder verwandelt. Zuletzt punktete Hansi Lang im „Slow Club", wo er mit Thomas Rabitsch und W. Schlögl Lieder von Nat King Cole, Cole Porter und Billy Holiday interpretierte. Wir trauern um eine derart vielschichtige Persönlichkeit.

GEDANKEN ZU JEAN GENETS „QUERELLE“

Nach einer viel zu langen Zeit habe ich dieses extreme, literarisch in seiner Form sicher einzigartige, Stück des französischen „poéte maudite“ nun endlich durch. Ich brauchte Monate, um mich hineinzulesen. Genet ist aber nicht der einzig französische Autor, der einem den Einstieg und Leseleistung schwer macht, schon bei M. Houellebecq brauchte ich sehr viel Selbstdisziplin, einmal über die ersten einhundert Seiten hinwegzukommen, ohne aufzugeben und das Buch wegzulegen. Ab diesem Zeitpunkt hatte ich mich auf den sich Mitteilenden und die – wahrscheinlich beabsichtigt erzeugte Langeweile – eingestellt und kam im vierten Fünftel des Werkes zum Plot, der einzig und allein eine Seite benötigt. Sollte es bei Genet eine „Auflösung“ geben, erfolgt diese erst auf der letzten Seite, in ein, zwei Absätzen, in einer eher bescheidenen Erkenntnis der Puffmutter Madame Lysiane, die sich, in beide Brüder vernarrt, im Irrsinn verliert.

Der Panzerkreuzer „Vengeur“ liegt im Hafen von Brest, welches, aus dem grauen Granit der Bretagne erbaut, den Matrosen ein Gefühl der Sicherheit gibt, einer französischen Hafenstadt mit soliden Mauern und engen Gassen. Die „Feria“, das Bordell, von Madame Lysiane liebevoll geführt, ist der Treffpunkt für leichte Mädchen und deren Gäste, Gauner, Spitzel und Polizeibeamte.

Hier opfert sich der Matrose Querelle – der seinen Landurlaub zum Ausspähen eines geeigneten Versteckes für seine Beute und eines Komplizen für den Schmuggel von zehn Kilogramm Opium benutzt – dem brutalen Polizeichef Nono, als Buße für mehrere Raubmorde in verschiedenen Ländern, in die er mit „Vengeur“ gekommen ist. Den Matrosen, der sich auf den Handel einlässt, tötet er, damit kein Zeuge für die Transaktion bestehen bleibt.

Quer durch das gesamte Werk zieht sich ein Versuch, Kriminelle und Polizei in Relation zu setzen, ihre Verschiedenheit und ihre Ähnlichkeit herauszustreichen, die im Hintergrund agierenden Mechanismen zu analysieren, oft mit dem Mittel der Rückblende in Verbindung mit Tagebuchaufzeichnungen verschiedener Akteure, hauptsächlich denen des Leutnants Seblon, der den Reizen Querelles nicht wiederstehen kann, von diesem aber nur Verachtung und Spott erntet.

Querelle ist ein hübscher, durchtrainierter Bursche mit einem femininen Einschlag, aber allen männlichen Attributen und einer verschlagenen Gemeinheit ausgestattet, ein rohes Paket Kraft. Aus diesem Spannungsfeld und den ihn umgebenden Geheimnissen resultiert seine Erotik, der auch sein Vorgesetzter auf dem Schiff erliegt. Querelle betrachtet sein Leben eigentlich immer aus einer übergeordneten Perspektive, handelt stets als Reaktion auf seine Umwelt und zugunsten seiner selbst. Er wirkt wie ein Puppenspieler, der die Geschicke und Schritte seiner Figuren lenkt. Sein Bruder Robert ist der Geliebte der Chefin des Bordells, wo neben den leichten Mädchen Polizeispitzel und Ganoven verkehren, das eine oder andere krumme Geschäft ausgehandelt wird, mal eine Schlägerei aufkommt. Die Erzählung wälzt sich schwerfällig dahin, es kommt noch zu einer Szene, in der Querelle eine falsche Spur für die Polizei auslegt. Beim Matrosen, den er gemeuchelt hat, findet man das Feuerzeug des Maurers Gil, der durch dieses Indiz fortan als Hauptverdächtiger gilt. Den Abschluss einer Erzählstrecke bietet zweifellos der heftige Kampf mit seinem Bruder Robert.

Der zweite Handlungsstrang ist die Flucht des Maurers, der in einem düsteren Turm des Bollwerks, welches Brest umgibt, Zuflucht findet und von einem seiner Kollegen, der ihm sehr zugetan ist, versorgt wird. Alles klappt, ehe sich Querelle in das Geschehen mischt, geschickt intrigiert und Gil zu diversen kriminellen Handlungen anstiftet, wobei er ihm einredet, wenn er an eine Flucht denke, brauche er genügend Erfahrung, um im Kreis Krimineller Achtung zu bekommen, und Geld. Auf einem seiner Raubzüge überfällt Gil, nachdem Querelle ihm einen detaillierten Plan aufgezeigt hat, den Offizier Seblon, der sich gegen den Angreifer stellt, und dem, nach einem Schuss aus nächster Nähe in die Schulter, die Tasche mit Wertgegenständen entrissen wird.

Sehr auffällig ist, dass so ziemlich jedes männliche Wesen in der Erzählung eine homoerotische Beziehung zu seinem Freund, Kollegen, Untergebenen oder Vorgesetzten entwickelt, vielleicht ist es die übergeordnete Mission des Romans, die Liebe und Sexualität unter Männern aufzuzeigen. Dabei ist dieses Werk des Vagabunden Genet, der sein Leben zwischen Besserungsanstalt, Fremdenlegion und Gefängnis fristete, so provokant a-literarisch poetisch! Eine Petition Sartres und Cocteaus beim französischen Staatspräsidenten brachte letztendlich seine Begnadigung. 1947 erhielt er den „Prix de la Pléiade“.

Konzept gegen die Langeweile:

PORN 2 HULA

Es war an einem dieser Übergangstage zwischen Frühling und Sommer. Ich war wieder einmal unterwegs mit meiner Umhängetasche, in der ich Literaturpublikationen der alternativen Art mitführte, zwischen Cafe Carina und Chelsea die Leute darauf ansprach, ob sie nicht Lust und Laune hätten, mir so ein Teil abzukaufen, und sei es aus purem Interesse.

Ich hatte schon ein paar Abnehmer gefunden, dank langjähriger Erfahrung und einigem Talent zum Vertrieb.

Mit dem Geld, das reichte, um über den nächsten Tag zu kommen, wollte ich noch ein wenig verweilen, vielleicht ein paar Leute treffen, ein Bier trinken. Wie es der Zufall so wollte, stand die Tür zum Bühnenraum des Chelsea sperrangelweit offen, und ein alter Bekannter war gerade dabei, diverse Gerätschaften zu verkabeln. Ich getraute mich hinein und entbot ihm meinen Gruß, blitzte beim Zeitschriftenverkauf ab und tauschte mit ihm ein paar Neuigkeiten aus. An der Bar zwei Menschen im Gespräch, nach einer Weile versuchte ich auch bei diesen mein Glück. Daraufhin das Angebot, ich könne im Tausch für zwei Hefte eine CD der Band bekommen, die heute hier ihren Auftritt absolvierte, was ich nicht ablehnte, da der Sänger der Band, welcher das Geschäft vorgeschlagen hatte, über und über mit Tätowierungen geschmückt, rohe Kraft ausstrahlte. Nach weiteren zwanzig Minuten Konversation verzog ich mich Richtung heimwärts, mit ein paar Eckdaten neuzeitlicher Musikgeschichte und einer noch in Zellophan verpackten Silberscheibe bereichert. Das gute Stück reizte mich von allem Anfang an, alleine schon das ausgeflippte Cover, wobei man die minimale Fläche für optische Eindrücke berücksichtigen sollte, schrie nach sofortigem Abspielen des Schallträgers. Aber nichts da. Dafür wurde ich am nächsten Morgen, für den ich mir einen ersten Hördurchgang aufgespart hatte, für meine Geduld belohnt und gleich beim Eröffnungstitel ordentlich durchgeschüttelt. Pompös und mit Hilfe guter Studiotechnik ordentlich aufgebauscht, Live-Atmosphäre, knüppelte mich dieser weiter, einen Touch „too dirty“ gespielt, zum zweiten Song, der mit „I hate the 80s“ ein klares Statment bringt sowie (wieder die leichte tonale Dissonanz) den Rock´ n´ Roll mit Punk-Attitüde verbrämt.

Und weiter im Programm, schon schleicht sich, da durchaus melodisch, der nächste Hammer, agressiv abgeänderter Wüstenrock, mit einem waschechten Mundharmonika-Part an die Rezeptoren heran. Gut, Leute, ein feines Stück habt ihr da im Kapu-Studio (Linz) abgemischt, die Anlehnung an das „Magnum-Thema“ geht deshalb genauso durch wie die von J. P. Young gekupferte Fassung von „Love is in the Air“. Hätte ganz sicher das Zeug zum Sommerhit, wenn die Moderatoren der heimischen Radiosender sich ein wenig mehr in der heimischen Musikszene umhören würden. War nun aber auch nicht tierisch ernst gemeint.
Beziehbar ist der Tonträger im guten Fachhandel (RAVE UP RECORDS, Wien), in der Linzer Kapu und über die Band-Website, welche auch die nächsten Konzerttermine offenbart.

RILKE MIT SYNTHESIZER & STROMGITARRE

Absolut „rund", ästhetisch und gelungen ist der von der Kulturinitiative KÜRBIS Wies, beheimatet in der Südwest-steiermark, ausgeschriebene und durch eine Vielzahl heimischer Musikschaffender umgesetzte POEM/E/S-Sampler, der am „hauseigenen" Label Pumpkin-Records mitte 2009 veröffentlicht und im Wiener WUK präsentiert wurde.
Label-Chef und Ideengeber **Wolfgang Pollanz** hat dazu österreichische Bands und Musiker aus dem Umfeld des Labels eingeladen, sich musikalisch mit einem lyrischen Text längst dahingegangener DichterInnen auseinanderzusetzen.
Das kongeniale Artwork zur CD stammt von Klaus Mitter (Kreisky, Mord).
Unter den ausgewählten AutorInnen: Marie von Ebner Eschenbach und Heinrich Heine, Georg Trakl und Rainer Maria Rilke, sowie William Shakespeare, Edgar Allan Poe oder Robert Burns und William Blake.
Für die Qualität der Interpretationen stehen bekannte Namen aus der österreichischen Musikszene wie Laokoongruppe, Robert Rotifer, Rewolfinger, Hotel Prestige oder David Lipp & die Liebe.
Auf CD 1 befinden sich zwölf deutschsprachige Songs, auf CD 2 elf englischsprachige sowie ein spanischer. In einem ausführlichen Booklet finden sich alle relevanten Angaben zu Instrumentierung bzw. Arrangement.
Vertrieben wird das Kompendium von *www.trost.at* und ist selbstverständlich auch beim Initiator, *www.kuerbis.at,* erhältlich.
Nun aber heraus aus den Gewässern einer mehr oder weniger allgemein gültigen Beschreibung der kreativen Sache und hinein in das Wildwasser persönlicher Eindrücke.
Es ist eine wahre Freude, mit wie viel Fein- und Fingerspitzengefühl die Musiker an die Interpretation und Verwirklichung der von ihnen selbst ausgewählten Werke der Weltliteratur herangegangen sind. Zu Gitarre, Bass und Schlagwerk werden Synthesizer, Samples und Maultrommel sowie Gastmusiker (Streicher) hinzugezogen, um den literarischen Formen (Sonett, Brief, Reim etc.) ordentlich Gehör zu verleihen. Dabei klingt das ganze absolut modern, schlichtweg edel.
Mir selbst sagt CD1 mit der deutsch-sprachigen (wobei man dies bei der „Totenklage" des Dadaisten Hugo BALL eher schwer behaupten kann), tonal unterlegten Lyrik mehr zu, einzig und allein die „Auslegung" des

Gedichts „Der Lattenzaun“ von Christian Morgenstern kommt nicht an das durchwegs hohe, „avantgardistische“ Niveau heran.
In jedem Fall ist all den heimischen Musikern ein großartiges Gemeinschaftsprojekt gelungen, welches hoffentlich seine gebührende Beachtung findet!

FELDFORSCHUNG KULTUR

Nach einer dringend benötigten Pause, einem Abstand, der die Umgangsformen zwischen einzelnen Vereinsmitgliedern um die notwendige Portion gegenseitigen Respekts verbessert hat, führe ich diese Rubrik gerne weiter. Bei der aktuellen Zusendung von PUMPKIN RECORDS – ein zuverlässiger Partner in Sachen Besprechungsmaterial - war der Postbote unfähig, trotz korrekter Adressierung, auf Grund der Angabe meines Pseudonyms als Empfänger, das übermittelte Paket zuzustellen. Nach Preisgabe meines bürgerlichen Namens stand es am übernächsten Tag vor meiner Wohnungstür, gänzlich unbekümmert bezüglich eventueller Neider oder Schnüffler oder schlimmerer Zeitgenossen, noch dazu so abgestellt, das ich fast darüber stolperte ...

Aus der aktuellen Zusendung habe ich erstens die CONTRAILS, auf Grund der einwandfreien und ansprechenden Verpackungsgestaltung, Recycling-Karton zum Aufklappen mit je einem Einschub für die Silberscheibe und das Booklet, ausgewählt. Die „Hauptrolle" bei dieser Produktion ist eindeutig Stefan Sieder zuzuschreiben, der die Musik und die dazugehörigen Lyrics geschrieben und auch das Arrangement der Streichinstrumente übernommen hat.

Die Stücke sind melancholisches „easy listening", weitläufig und verspielt angelegte Musik, durchdrungen von Einflüssen der voran gegangenen vierzig Jahre. Düster und Gänsehaut hervorbringend wird es zwischendurch bei Track Nummer fünf, der Erinnerungen an das ALAN PARSONS PROJECT wach werden lässt, doch auf Grund eines dynamisch-druckvollen Finales gleich wieder die Eigenständigkeit der Komposition belegt. Ein abwechslungsreicher und gelungener Tonträger, mit viel Feingefühl und Liebe zur Verschachtelung der Tonkaskaden, mit einem Sänger, der sicher über einige Oktaven wegkommt, mir aber am besten in der rauen Stimmlage gefällt. Es drängt sich umgehend und wiederholt die Frage auf, weshalb derartige Talente hierzulande bestenfalls ein Nischendasein führen.

Selbige stellt sich bei Besprechungs-Kandidat Nummer zwei, einem Trio, welches als Thema für seine Recording-Session in Italien – wobei ein Verweis im aufklappbaren Karton-Cover, diesmal Hochglanz – uns belehrt, das das Aufeinandertreffen der Musiker mit selbigem kein glückliches war, das aus dem Fliegeralphabet herrührende TANGO SIERRA LIMA gewählt hat. Musikalische Wurzeln der Flower-Power-Bewegung manifestieren sich im hektischen Jetzt, treten ganz heftig auf

die Bremse und entschärfen das Tempo einer sinnentleerten Gegenwart, wenn die „Shady Lanes“ auf musikalische Weltreise gehen – wobei es möglich wäre, dass ein, zwei Kontinente übersprungen wurden oder gewisse Landstriche als geographisch unerforschtes Gebiet gelten (FREE PUSSY RIOT!) oder der klapprige Hippiebus an der Grenze umkehren musste, samt der brisanten Fracht nicht einreisen durfte. „Car is a good place/place you can hide in/ …“, von dieser sanften Einleitung, „Toulouse“ benannt, entwickelt sich das Album mehr und mehr hin zum Bluesrock, generell bleiben die Musiker authentisch; liegt eventuell auch am Abmischen und dem endgültigen Mastering, wobei aggressivere Gitarrenakkorde weit in den Hintergrund geschoben wurden, was die einzelnen Songs um so purer dem Genre zugehörig erscheinen lassen. Auch die paar recht witzigen, zwischengeschalteten Kommentare und akustischen „Fallen“ sind durchaus gelungen und insgesamt spielt sich die CD gut als Stimmungs-Macher, die letzte Nummer „kangoroo“ ist zugleich DER Einheizer zur wilden Rock´n´Roll-Party mit augenzwinkernder Anleihe bei den Beatles.
Die dritte und letzte Partie ist tot. Aufgelöst. „Zemmler“ war ihr Name, gekonnter Wahnwitz ihr musikalisches Konzept. Nihilismus. Einzig und allein ein wie auch immer zustande gekommener Facebook-Kontakt, ein gewisser Jörg, dem ich auf dieser sozialen Plattform die Frage stellte, „der Zemmler“, teilte mir dann auf eben diesem Wege mit, dass die Band Geschichte sei. Schade. So eine Menge wunderbar interpretierter Blödsinn, der aber durchaus gesellschaftskritische Fragen aufwirft, wie es denn so um den Sinn gewisser Errungenschaften steht – („ich hab mein Handy vergessen …“) welche Folgen das ungewollte Zurücklassen dieses „Instruments“ hat, was dann mit der „Nina“ diskutiert wird. Eine Punkband ist von uns gegangen. Rotziges Auflehnen gegen das Establishment. Mit dem Kopf gegen die Wand. Das war der „Zemmler“ Ding. Das Cover war auch nicht von schlechter Aufmachung. Das Mondkalb verriet es mir im Stillen. Ein trauernder – wee –
In einer von einem „Einzeltäter“ verlegten CD, immerhin semi-professionell gestaltet, geben sich eine Menge Wiener Musikschaffende die Ehre, Punk, Rock, Industrial und Synth-„Pop“ im weitesten Sinne reihen sich, mit einem manchmal dazu geeigneten Aufnahmegerät festgehalten und am eigenen PC gebrannt, aneinander - und geben einen brauchbaren Überblick der Szene. „WIEN IST TOT“, Volume 3, im Gürtellokal ihres Vertrauens.

NADELN, STICHE, FARBEN

Kunstwerke, die unter die Haut gehen ...

Szenenwechsel

Kennengelernt habe ich Martin, der auf Grund einer Kollision seiner Harley-Davidson mit einem Baumstamm und einer daraus erwachsenen Verletzung noch sehr vorsichtig Schritt vor Schritt setzt, vor einigen Jahren, als er die A.P.T.A. gründete – was sich nach Entschlüsselung der hinter den Buchstaben verborgenen Worte und deren Übersetzung – als „Erste österreichische Tattoo-Akademie" herauskristallisiert – im Souterrain des Lokals seines Bruders, nahe des Döblinger Stegs, im Jahre 2009.

Nach einem Zwischenhalt im ersten Bezirk hat diese A.P.T.A. nun in Floridsdorf eine für ihre Zwecke höchst geeignete, neue Heimstätte gefunden. Vom „Spitz" kommend sind es nur wenige Minuten, bis man in der Schwaigergasse Nr. 35 anlangt. Dort, im zweiten Hinterhof, welcher durch ein grünes, mit Stahldornen bewehrtes Tor betreten wird, tut sich, für das Auge wohltuend und die Stimmung hebend, eine weitläufiges, bepflanztes Areal auf. Links, durch ein freundliches, helles Foyer, nur ein paar Stufen hinunter, hat die A.P.T.A. im September dieses Jahres erneut ihre Pforten geöffnet.

Hier befindet sich der Empfangsbereich, mit viel Liebe zum Detail gestaltet, Ledersesseln und Glastischen, die mit Mustermappen und Magazinen bestückt, die Kunden auf Entdeckungsreise für ihr späteres Motiv schicken. Es herrscht schon wieder reger Andrang, während meines kurzen, für eine Besprechung dieses Artikels benötigten Aufenthalts, werden gleich drei Personen für einen Termin vorstellig. Die neue und momentan einzige Auszubildende ist eifrig bei der Sache und notiert diese im Kalender.

„Marty McFly", wie er unter Freunden und in der Szene genannt wird, spricht gleich einmal Klartext. „Durch die Verortung der Akademie in diesem neuen, leicht zugänglichen Ambiente, wollte ich diese aus der schwer auffindbaren Nische am Donaukanal herausholen und einer breiten Öffentlichkeit zugänglich machen!" Durch die Nähe zum Verkehrsknotenpunkt Floridsdorf wird sein Anliegen optimal unterstützt.

Vorspiel

Martin ist vor ungefähr fünf Jahren aus Irland zurückgekommen. Dort hat er, während seines vierjährigen Aufenthalts, der durch mehrere

„Pub Holidays", verwandtschaftliche Bindung und generellem Interesse an anderen Leuten und Ländern zustande kam, eine wahre Lawine losgetreten. Im Südosten Irlands, in Carlow, wo es weit und breit keine Möglichkeit gab, sich einen langfristigen Körperschmuck zuzulegen, führte er ein Pub und ein Tattoo-Studio ein. Heute gibt es in dem Städtchen immerhin deren drei.

Der Gründer und Erfinder der A.P.T.A. und des „Jedermann-Tattoos" (eine Alternative für all jene, welche aus gesundheitlichen, gesellschaftlichen oder religiösen Gründen keines am Körper tragen können, ein ausgesuchtes Motiv auf präparierter Tierhaut im Rahmen hinter Glas) kann sich auf immerhin 21 Jahre Erfahrung in seinem Fach berufen und sieht es als seine Mission, dass Tätowieren als das anerkannt wird, was es ist: eine Kunstform.

Der Hinweis darauf, dass Tätowieren wahrscheinlich die älteste Form des künstlerisch-kreativen Ausdrucks, ein Zeugnis kultureller Entwicklung ist, folgt postwendend. Laut Martin – und der muss es ja schließlich wissen – ist es in jeder Kultur zu finden, am „Ötzi" fand man über fünfzig Darstellungen. Interessant auch, dass sich auf den polynesischen Inseln, den Philippinen und Hawaii trotz der Entfernung ähnliche, wenn nicht identische Motive finden.

Tätowieren als Berufsbild

In der „Austrian Primary Tattoo Academy" sieht Martin auch eine Möglichkeit, Talenten, die ansonsten verkümmern würden, Anlaufstelle und Heimat zu geben. Er vermittelt seinen Schülern fundiertes Grund- und Allgemeinwissen über Hygiene, Haut, Technik, Farben und Tradition. Unter gewissen Umständen ist sogar eine Förderung über das AMS möglich, worüber sich ein Politiker einer populistischen Kleinpartei natürlich mokieren musste, woraufhin der AMS-Sprecher konterte, dass Arbeitslose dem Staat langfristig teurer kommen würden als gut ausgebildete Tätowier-Künstler.

Genug davon. Ein spezielles Kriterium, ob man sich als „Kunsthandwerker mit Farbe und Nadel" eignet, gäbe es ohnedies nicht, erklärt mir der Meister. Wichtig sind grundsätzlich zeichnerische Begabung und ein guter Umgang mit Menschen. Trainiert wird auf Schweinehaut und Papier. Natürlich hat nicht jeder das Talent, aber Martin findet die Leute, die die Voraussetzungen mitbringen, und fördert diese, zeigt ihnen Kniffe und Tricks. Wichtig ist ihm, dass seine Schüler einen eigenen, intensiven Willen mitbringen.

Es gibt einen Lehrplan mit drei Mappen, mit Allgemeinwissen und Praxis, letztendlich eine Befähigungsprüfung. Ist diese bestanden, kann über die Kosmetik-Innung der Gewerbeschein beantragt werden. An fünf Tagen in der Woche wird je fünf Stunden lang Wissen weitergegeben, es liegt an dem jeweils gerade Auszubildenden, wie viel Zeit er/sie persönlich dazu noch außerhalb des Unterrichts aufwenden will.
Martin, ein weltoffener Mensch, gerne bereit zum Gespräch über Kunst, Religion oder Weltkultur, für seine Freunde „Marty McFly", kam im Lokal seiner Mutter, einer Art „Hard Rock Café", schon als Kind in Kontakt mit Musikern und Bikern, deren Haut mit Ornamenten und Symbolen geschmückt war, wobei beide Cliquen diese Form der Körpermodifikation schätzten. Im Moment bildet er seit vier Monaten einen weiblichen Lehrling aus, der voll Begeisterung bei der Sache ist.

Schlussbetrachtung

Tätowierungen hatten im Westen (in den Anfängen anders in Japan, wo die „Irezumi" auf eine lange Tradition verweisen) das Stigma des Matrosen oder Sträflings, erfreuen sich aber spätestens seit den 90er-Jahren großer Beliebtheit und sind quasi allen Gesellschaftsschichten vorzufinden. Kurz beschrieben ist das „Tattoo" ein Motiv, welches mit Tinte (oder anderen Farbpigmenten) in die Haut verbracht wird. Dabei wird die Farbe in der Regel mit Hilfe einer Tätowier-Maschine durch eine oder mehrere Nadeln in die zweite Hautschicht gestochen und dort ein Bild oder ein Schriftzug herausgearbeitet.
Beim Tätowieren müssen Hygienevorschriften eingehalten werden. In Holland, Österreich und der Schweiz unterliegen die Studios strengen Auflagen und Kontrollen.
Nach einem Besuch in der neuen Dependance und einer kurzen, von Martin geleiteten Führung durch die neue Stätte seines Wirkens, die bezüglich gesundheitlicher Unbedenklichkeit und der Ausbildung des „Nachwuchses" alle Voraussetzungen erfüllt, kann ich nur empfehlen, sich einmal Zeit zu nehmen, um mit dem Betreiber ein Gespräch zu führen oder sich ein paar Kataloge oder seine „Meisterstücke" zeigen zu lassen.
Ob ihr euch dann für einen permanenten Körperschmuck, eine Ausbildung oder ein „Jedermann-Tattoo" entscheidet – zeigt die Zukunft.

DIE STRUKTUR DER MODERNEN LITERATUR

Professor Mario Andreotti (CH)

Der Kontakt der „Wienzeile" zu Schweizer Autoren besteht eigentlich von Anbeginn des Magazins. Das mag an den „Wanderjahren" Günther Geigers liegen, der Aufnahme und Unterschlupf in der autonomen Szene von Basel und Bern fand und später lange im benachbarten Vorarlberg lebte, oder ganz einfach an der Sonderstellung der Publikation im deutschsprachigen Raum. Für eine der jüngeren Ausgaben hatte uns wieder einmal Andrea Maria Graf im Februar dieses Jahres Material geschickt, inklusive einem Vorwort zu ihrer Sprechoper, von Professor Andreotti verfasst, der mir in Folge auch anbot, sein mittlerweile als Standardwerk geltendes Buch „Die Struktur der modernen Literatur" zu besprechen. Immer auf der Suche nach interessanten Beiträgen für die LeserInnen dieser Rubrik war ich von dem Angebot höchst angetan und binnen kürzester Zeit baute sich mit Herrn Andreotti ein intensiver Schriftverkehr (per E-Mail) auf und ich bekam das recht umfangreiche Buch – mit dem treffenden und Ärger beim Zoll ersparenden Vermerk REZENSIONSEXEMPLAR – per Post zugestellt. Nun sind einige Monate vergangen und die *„Festung Europa"*-Ausgabe wurde, wohl aus Aktualitätsgründen, vorgezogen, was eine dringende Anfrage des Professors zeitigte, dessen Verlag auch schon gespannt auf Rückmeldung wartet, nun liegt es an mir, dem Werk die gebührende Abhandlung zu widmen.

Eckdaten

Professor MARIO ANDREOTTI wurde am 9. Juli 1947 in Glarus (CH) geboren und ist in Schwanden zweisprachig, deutsch und italienisch, aufgewachsen. Der Vater Tessiner, die Mutter aus dem Kanton Glarus, wo er 1954 bis 1962 die Primär- und Sekundarschule besuchte.

1963 bis 1968 absolvierte er das Lehrerseminar Rickenbach, um dann an der Uni ZÜRICH Germanistik und Geschichte zu studieren. Er schloss das Studium 1975 mit dem Doktorat und zwei Jahre später mit dem DIPLOM FÜR DAS HÖHERE LEHRAMT ab. Andreotti ist heute Hauptlehrer für Deutsch und Geschichte an der Kantonsschule und Lehrbeauftragter an der Universität St. Gallen, wo er seit 1999 Titularprofessor ist. Zudem lehrt er als nebenamtlicher Dozent für Deutschdidaktik an der Pädagogischen Hochschule Vorarlberg.

Das Werk

Ich will gleich eingangs einmal eines klarstellen: was hier vorliegt, ist fundierte Literaturtheorie, die sich mit den modernen Formen der Gattungen Lyrik und Prosa auseinandersetzt, auf einem sehr hohen, akademischen Niveau. In der mittlerweile vierten Auflage (die erste erschien bereits 1983) des mit „Die Struktur der modernen Literatur" so treffend betitelten, recht umfangreichen Buches mit einem ausführlichen Glossar im Anhang erörtert Professor Andreotti an Hand von Charakteristika und Gegenüberstellungen recht deutlich die Frage, mit welchen Stilmitteln z. B. der moderne Roman (im Unterschied zum bürgerlichen) oder ein modernes Gedicht (gerne auch aus der Wiener Schule) arbeitet.

Dabei differenziert der Autor auch die feinen Strömungen und Brüche seit den Anfängen der Moderne, vor allem der „Wiener Moderne" kurz vor und nach 1900 bis heute. Das sehr intensiv recherchierte Werk berücksichtigt, über die klassische Moderne hinaus, auch die jüngsten Entwicklungen der Post- und der Spätmoderne, parallele Entwicklungen in Österreich und der Schweiz und subkulturelle Formen wie Popliteratur (Feuchtgebiete/Charlotte Roche) oder Beatliteratur (Ginsberg, Kerouac usf.), die Slam Poetry, die durch ihren Unterhaltungswert und Show-Charakter sich hoher Beliebtheit und regen Zulaufs erfreut, aber auch Rap, bis hin zu den digitalen Varianten wie Hypertext und Handyroman. Gleichwohl geht der Urheber mit Sorgfalt vor. Um ein möglichst breites Spektrum bemüht, zeigt er sogar die Auswirkungen des Mauerfalls auf die deutschsprachige Gegenwartsliteratur auf. Damit bietet er dem Leser dieses Kompendiums die Rahmenbedingungen, innerhalb derer das literarische Ausgangsmaterial aufs Gründlichste untersucht wird.

Quintessenz

Der Rezipient moderner literarischer Werke ist häufig ratlos, weil ihm der Zugang zu den vom Künstler neuartig gestalteten Texten fehlt. Das mag daran liegen, dass der bürgerliche Roman eine Idealform darstellt, was sich neben der Vermittlung eines Inhalts natürlich auch in der kommerziellen Verwertung des Geschriebenen niederschlägt, oder aber in der Wahl der stilistischen Kunstgriffe, welche moderne Stücke aufweisen, die ihrerseits genau diese Lesegewohnheiten durchbrechen und den Leser dadurch verunsichern und so einem breiten Publikum ohne Hilfestellung schier unverständlich, ja fremd bleiben. Hier hakt

Herr Professor Andreotti ein und nach, erklärt Schritt für Schritt, oft rückblendend sowie in Form von Zusammenfassungen am Ende der jeweiligen Kapitel, wie sich „moderne Literatur" nach neuen, ganzheitlichen Kriterien erkennen, lesen und interpretieren lässt. Untersucht, wie sich die geistigen Kräfte unserer Epoche (von den Naturwissenschaften über Technik und Wirtschaft, Geisteswissenschaften und Kunst, Philosophie, Religion, Psychologie, Musik und Malerei) auf die Literatur auswirken- bzw. wechselwirken, gibt einen Überblick über die wichtigsten traditionellen und modernen Gattungsformen und führt seinen Leser behutsam an die Materie heran. Nachdem erst einmal die grundsätzlichen Merkmale herausgearbeitet sind, behandelt der Professor die Epik, das Erzählen in moderner Prosa und deren Gattungsformen, sowie moderne Lyrik und deren Spielarten und ergänzt den Themenkomplex mit experimenteller Literatur und konkreter Poesie. Im Schlusskapitel macht er an zehn ästhetischen Kriterien deutlich, was heute ein guter literarischer Text ist und was nicht. Es mag die Vermutung nahe liegen, dass *mensch* sich hier mit staubtrockener und stinklangweiliger Theorie herumzuschlagen hat. Aber weit gefehlt, durch die Verwendung einer ganzen Menge an Beispielen aus der modernen Literatur (Döblin, Kafka, Ransmayer, Handke, Jandl) sowie von Arbeitsvorschlägen zu den jeweiligen Kapiteln, von vergleichenden, einander gegenübergestellten Spalten und, wo notwendig, von erklärenden Diagrammen bekommt diese Abhandlung mehr Dynamik als vermutet!

Cui bono?

„Ein Buch von unendlicher Brauchbarkeit" wird MARTIN WALSER im Klappentext von UTB, einem Zusammenschluss mehrerer Verlage, zitiert – und das trifft die Sache schon mal ganz gut. Es findet sich nicht nur ein Leitfaden für ein allgemein literarisch begeistertes Publikum, welchem beim Zugang zur modernen Literatur Hilfe geleistet wird, auch für ausübende SchriftstellerInnen gibt es eine Menge Anregungen bzw. Reflexionsmöglichkeiten, z. B. welche Voraussetzungen ein Text erfüllen muss, um als modern und/oder brauchbar zu gelten. Im Zuge der Erörterungen eröffnet sich dazu noch ein gutes Jahrhundert Kulturgeschichte. Für mich persönlich ist „Die Struktur der modernen Literatur" ein Arbeitsbuch, eine ganz erstaunliche Fundgrube von Aspekten, die mir ohne Existenz des Buches verborgen geblieben wären. Um jetzt eine Conclusio zu finden, zitiere ich Professor Mario Andreotti, der mitteilt: *„Ich habe alles dafür getan, dass das Buch, trotz hohem Niveau, wie*

Sie zu Recht schreiben, leserfreundlich (für ein breites Leserpublikum) und vor allem (gerade mit Blick auf die praktizierenden Autoren, die mir wichtig sind) praxisbezogen bleibt. Diese relativ leichte Lesbarkeit und der hohe Praxisbezug dürften zum großen Erfolg des Standardwerks beigetragen haben, wie mir immer wieder versichert worden ist.“

Mario Andreotti: Die Struktur der modernen Literatur. Neue Wege in der Textinterpretation. Erzählprosa und Lyrik. Mit einem Glossar zu literarischen, linguistischen und philosophischen Grundbegriffen. UTB Band 1127, 4., vollst. neu bearb. und aktualisierte Aufl., Bern, Stuttgart, Wien 2009 (Haupt Verlag; www.haupt.ch). EUR 16.90/CHF 24.90 Haupt(UTB)-Verlag, Bern–Stuttgart–Wien (www.haupt.ch); 4. Auflage, ISBN: 978-3-8252-1127-1

„MOCH DI PAPPN AUF UND SOG WOS …"

oder: Der Dialekt-Poetry-Slam im Kulturverein Tschocherl

Das Format „Poetry Slam" passt außergewöhnlich gut in den Alltag einer von Massenmedien beherrschten Welt, weil er den Konsumgewohnheiten des Publikums entgegenkommt, so zumindest ein Argument, weshalb solche Veranstaltungen derart gut ankommen und den Literaturbetrieb weitgreifend belebt haben.

Eine ganz besondere Spielart davon präsentiert sich einmal monatlich (abgesehen von der Sommerpause) im 15. Wiener Gemeindebezirk, wo die Kulturinitiative „tmbh" gemeinsam mit Tschif Windisch, der die Rolle des Slam-Masters (Moderator) innehat, den einzigartigen Dialekt-Poetry-Slam *„wos host gsogt …?"* veranstaltet.

Da wir relativ früh dran sind, bekommen wir noch gute Plätze, nicht allzu weit weg von der Bühne, aber eine Viertelstunde später ist das Souterrain-Lokal mit dem unauffälligen Eingang brechend voll, ein ungewohntes Bild bei Literaturveranstaltungen.

Neben den Koryphäen aus der Szene, wie Markus Köhle oder El Awadalla (die der Polizei vorschlägt, sich hinkünftig als Kasperl, Krokodil, Pezi oder sonstige allegorische oder Märchen-Figur zu verkleiden, um Abschiebung „kindergerechter" zu gestalten), welche uns derzeit bei den internationalen Slam-Meisterschaften im Ruhrpott vertreten, darf aber jede(r), der sich rechtzeitig beim „Tschif" anmeldet, in einem begrenzten Zeitrahmen ihre/seine in Mundart geschriebene Lyrik oder Prosa vortragen, ohne Hilfsmittel (außer dem Mikrophon), aber gekeucht, gesungen, geschrien oder wie immer sich der Kandidat seine Performance vorstellt oder getraut.

Insgesamt 14 AutorInnen wagen sich, angekündigt vom „Zeremonienmeister" Tschif Windisch, unter heftigem Applaus auf die Bühne.

Gewertet wird durch fünf quer durch das Publikum ausgesuchte Juroren, welche Tafeln mit den Zahlen 1 bis 10 ausgehändigt bekommen und je nach Gefallen Punkte in eben diesem Bereich vergeben. Die niedrigste und die höchste Wertung werden gestrichen, die anderen drei Zahlen zusammengezählt bilden das Ergebnis.

Diesmal teilen sich Christian „Schreibi" Schreibmüller, El Awadalla und Paul Pizzera ex aequo den ersten Platz. Die anderen Mundart-Poeten nehmen neue Erfahrungen, säckeweise Beifall und jede Menge Inspiration mit nach Hause und können, daraus schöpfend, an ihrem nächsten Auftritt feilen.

OFFEN IST DAS MIKROPHON …

Im klaren Gegensatz zum Poetry Slam, bei dem zwischen mitwirkenden AutorInnen das Konkurrenz-Gefühl gefördert wird und durch Bestimmung eines Siegers/einer Siegerin auch notwendig ist, herrscht bei einer OPEN-MIC-Veranstaltung ein angenehm geselliges Beisammensein. Die bereitgestellte Bühne avanciert zum Freiraum für die verschiedensten Formen des Vortrags, von nur gelesenem – über gerappten – bis gesungenem Text, der Erprobung eines kurzen Kabarett-Sketches oder improvisiertem Theater steht nichts entgegen. Hilfsmittel sind erlaubt, Instrumente, Einspielungen von CDs, Verkleidung, Kostüme können der Darbietung besonderen Anreiz verleihen. Aktuell organisierte Melamar, als Abgesandte für den Verein für Literatur, Kunst und menschenwürdiges Dasein „Farce vivendi", welcher schon mehrere derartige Abende, einst mit festem Sitz in der „Feile", 2. Bezirk, Novaragasse, gestaltet hat, zusammen mit Andi Pianka eine Räumlichkeit im neu entstandenen Kulturzentrum „das werk" in der Neulerchenfelderstraße 6–8, 1160 Wien, und insgesamt elf Teilnehmende präsentierten, dem Zufallsprinzip der Ziehung ihrer Namen aus einem Hut folgend, dem Publikum ihre Stücke. Es war von den Veranstaltern her einmal ein Herantasten an die Frage, ob ein regelmäßiger Betrieb des „open mic" wieder aufgenommen werden kann. Man wartete die Reaktion von Teilnehmenden und Publikum, das Feedback, ab, welches ein durchwegs positives. Auf der Website www.myspace.com/farcevivendi findet ihr, viersprachig, Ankündigungen künftiger Termine sowie Fotoimpressionen vergangener Veranstaltungen. Wer sich durch diese Zeilen inspiriert fühlt und nicht so lange warten mag, sollte sich rasch mit der Kulturinitiative „tmbh" in Verbindung setzen, die im Vienna Globe Trampers Headquarter monatlich einmal zum Auftritt lädt: zum"tmbh Open Mic".

IN MEMORIAM ANDREAS OKOPENKO

Er war kein auffälliger Mensch, einer, den man sofort und überall erkennt. Seine Unscheinbarkeit beruhte auch auf der hageren, drahtigen, eher kleinen Person, die er war. Doch die Kraft, die auch noch im hohen Alter von dem großen Dichter der Republik ausging, war unbestreitbar.

Persönlich kennengelernt habe ich ihn bei einem Heurigen in Stammersdorf, wohin er mich eingeladen hatte, um vom Gedankenaustausch via Briefverkehr dann doch einen persönlichen Eindruck von einander zu bekommen. Es war ein herzlicher Empfang mit sehr viel Verständnis für meinen Konflikt mit dem Gesetz, den er gar nicht kommentieren wollte, jedoch versuchte er, mir ein Aufbauprojekt in Südamerika schmackhaft zu machen.

Dann verloren wir einander aus den Augen, mein Leben gestaltete sich auch ganz und gar nicht danach, mit den mir Bekannten aus der schon etablierten Literaturszene zu verkehren, es mangelte an einer Lebensperspektive. Ich studierte als Obdachloser ein oder zwei Semester Publizistik und Politikwissenschaft, angelte mir ein paar Werbeaufträge, gründete ein Plattenlabel. Mein auf schwachen Grundmauern errichtetes Luftschloss zerfiel und ich hatte wieder Probleme mit der Justiz.

Zwanzig Jahre nach dem Treffen in Stammersdorf begegnete ich Okopenko wieder. Y.C. hatte in die ALTE SCHMIEDE geladen, wo dieser gemeinsam mit Thomas Frechberger eine „Leserallye" performte. Abwechselnd lasen sie Texte aus ihren dicken, mitgebrachten Papierbündeln und Mappen.

Die nächste Pause nutzte ich dazu, nach vorne zu gehen und dem zwar gealterten, aber immer noch mit enormer Energie und Ausstrahlung gesegneten, schlanken Autor meinen Gruß zu entbieten und vielleicht die eine oder andere Neuigkeit auszutauschen, mittlerweile war ja auch ich wieder bei der Literatur gelandet und kam ganz gut an.

Ich streckte meine Hand aus und wünschte einen schönen Abend. Hinter den Augen aus Wasser und Eis begann ein Nachdenkprozess, der in blitzschneller Nennung meines Namens, der Erwähnung unserer vor Jahrzehnten geführten Korrespondenz und der Zusammenkunft im Weinbaugebiet Wiens gipfelte. Ich war bass erstaunt, aber glücklich über den Umstand, dass man auch im hohen Alter noch geistig höchst rege agieren kann. Ich erzählte ihm von meinen ersten Erfolgen und

dass noch in diesem Jahr eine Kurzgeschichtensammlung von mir publiziert werden würde.
Er gratulierte und ermunterte zum Weitermachen, freute sich, dass ich mich nach langen Durstrecken endlich erholte, einen festen Wohnsitz und Kontakt mit den Leuten von der „Wienzeile“ hatte, zu der auch Thomas Frechberger enge Kontakte pflegt. Dieser stürmte auch schon herbei und mahnte den älteren Kollegen, wiederum die Bühne zu betreten. Ich hörte der schrägen und sehr freien Doppelkonferenz, dem alten und dem jungen Meister des „Sprache Verbiegens“ noch geraume Zeit zu, fand bei Ende des Leseauftritts aber keine Möglichkeit mehr, an Andreas Okopenko heranzukommen.
Ich dachte damals, es würde uns beschieden sein, einander noch einmal zu begegnen.
Dem war nicht so.

GEGEN JEGLICHE VERNUNFT

oder: „Wie kann es überhaupt kommen, dass Menschen sich Gedanken darüber machen, ob Sozialhilfebezieher ins Theater wollen?"

Glücklicherweise wurde dieses Thema nicht bei uns, sondern bei unserem Nachbarn, der Schweiz, genauer gesagt im „Züricher Tages-Anzeiger", aktualisiert, aber es ist schon bedenklich, wie manche Leute anderen rein gar nichts gönnen und diese wo immer nur möglich diskriminieren. So wird in der Tageszeitung kolportiert, dass, nachdem die Caritas ihr Angebot zu Gunsten sozial benachteiligter Personen im Kanton Zürich auf ermäßigte (!) Eintritte in Kulturinstitutionen ausgebaut hat, Sozialhilfeempfänger in der Regel keine Theater- und Museumsgänger sind.

In Wien (und darüber hinaus verstärkt in den Bundesländern) läuft die Sache von vornhinein anders, da ermöglicht jede Kultureinrichtung, die Partner der Aktion ist, Kulturpassbesitzern einen UNENTGELTLICHEN Eintritt. Der KULTURPASS, den jede(r) beim Sozialreferat, sozialmedizinischen Beratungsstellen etc. beantragen kann, der/die sich mit dem Einkommen am Existenzminimum bewegt, deckt die Bereiche Ausstellungen/Museen, Bibliothek, Festivals; Film, Kinder- und Jugendkultur, Literatur, Musik sowie Theater/Musik-Theater/Tanz und Performance ab und bietet so generell ein breiteres Spektrum an Möglichkeiten, was ein sozial bzw. finanziell benachteiligter Mensch mit seiner Freizeit anstellen kann. Es ist gar nicht so undenkbar und unvorstellbar, wie im „Züricher Tages-Anzeiger" behauptet wird, dass dieses Angebot von einer Vielzahl der sozial Schwachen beansprucht wird, denn gesellschaftlich an den Rand gedrängt zu sein ist weder gleichbedeutend mit ungebildet, desinteressiert oder einem sonstigen Diskriminierungsvorwand. Gerade der ständige Zuwachs, Der Trend zu HOME ENTER&INFOTAINMENT (was natürlich eine Frage der Finanzkraft des Nutzers ist) und zusätzlich der ständige Zuwachs an Anbietern von Kultur und Bildung wird über kurz oder lang leere Plätze im Theater, spärlichen Publikums- Fluss im Museum nach sich ziehen. Da ist doch durchwegs denkbar, dass Menschen, denen man freien Zugang anbietet, die quasi „veraltete", überholte Form der Unterhaltung und der Bildung würdigen, diese beanspruchen.

War vor ein paar wenigen Jahren das Thema Obdachlosigkeit von Menschen und deren Anspruch auf öffentlichem Raum im Fokus, konzentrierten sich in Folge die sozialen Trägerorganisationen darauf, dass das Unterkommen in Wohngemeinschaften und Gemeindewohnungen nicht der Weisheit Schluss sein kann, MENSCH braucht neben den Grundbedürfnissen soziale Kontakte und ein sinnvolles Unterhaltungsangebot, fernab der stumpfsinnigen Fernsehserien, der kommerziell vorangetriebenen Verdummung. So kann auch der Vorschlag, der Kommentar eines Lesers, der im *kulturblog.ch* an den im „Züricher Tages-Anzeiger“ erscheinenden Artikel anknüpft, nicht ernst genommen werden, welcher den absoluten Schwachsinn offen legt, dass für die „Leistungsschwachen (sic!) Kino oder andere niedere (sic!) branchenübliche Angebote derselben Kulturindustrie (?) die bessere Lösung wäre …“ – wie ist das wohl wieder gemeint: Durch Ankauf eines Fernsehers? Noch dazu ist Kino in keinem Fall immer kommerziell, was die Schwerpunktprogramme gleich mehrerer Wiener Lichtspielhäuser bestätigen. Eine recht gute Antwort auf eine der vielen in der Diskussion aufgeworfenen Fragen kommt mit der recht realistischen Aussage, dass der soziologische Aspekt auf eine signifikant sich verändernde Gesellschaft angewandt werden muss, dass gegenwärtig sich genug Menschen mit der „Armutsfalle“ herumschlagen müssen. Unter den so genannten „working poor“ befinden sich Abiturienten und Universitätsabgänger, ganz zu schweigen von den allein erziehenden Frauen, die nur prekäre Arbeitsverhältnisse eingehen und ihrem früher vielleicht praktizierten „Kulturverhalten“ gar nicht mehr entsprechen können. In jedem Fall war mir dieses „Fundstück“ publizistischer Provokation Anlass genug, auf die in unserem Lande bestehende Möglichkeit der Nutzung frei zugänglicher Kulturangebote hinzuweisen. Vielleicht kann dieser Beitrag im „Kulturteil“ der WIENZEILE einige Leser des Magazins zu einer Weiterführung des Gedankens anregen, was durchaus zu Zuschriften und Beiträgen für die kommenden Ausgaben verleiten könnte. Darüber hinaus ist diese kleine Niederschrift wieder einmal ein Wink zum respektvollen Verhalten gegenüber unseren Mitmenschen.

TEXTFRAGMENTE

UNDISPUTED CONSEQUENCES/ EINDEUTIGE AUSWIRKUNGEN

Ein Relikt aus Überlegungen und Betrachtungen zu einer Fotoserie von Walter Erwin Nadler

Nun: ich verschwinde, also bin ich – oder war ich gewesen (?). Wer verschwinden kann, muss auch existiert haben. Philosophischer Schrott. Komm, folge mir durch das Labyrinth meiner selbstgestellten Fragen, durch das Chaos meiner urinstinkgetrieben gewählten, primitiven Höhle, durch den künstlich geschaffenen, spartanisch ausgestatteten Mutterleib.

Kalt ist mir. Nackt bin ich, bloßgestellt, vor lauter Scham dränge ich vorwärts in das Dunkel, ich will mich verbergen, dunkel und kalt, eine Seele, vielleicht aber drängt mich auch nur der stete Gedanke an das Urinieren, und DU bist Voyeur, Betrachter, Spanner, Forschender, Beobachter – in die Irre geleitet.

Durch ständige Schablonen und Muster erblindet und verblödet durchleuchtest Du mein Verhalten am Handbuch der modernsten – und doch bereits wieder überholten – Theorien (die Wissenschaft ist eine achtspurige Autobahn), während ich dem URDRANG nachgebe.

Sieh nur. Ich schaffe, also bin ich. Muss ich sein. Wo kein Geist, kein Leben, da kann auch keine Interpretation, kein Ausdruck desselben vorhanden sein. Ich bestätige meine Gegenwart, mich selbst durch den schöpferischen Akt, der Übersetzung und Übertragung meiner blutenden Seele in das Bildhafte, auf ein durch seine Zerfallszeit begrenztes Medium, die Tafel, die mir zur Verfügung steht. Ich, der erste und der letzte Mensch.

Den Rücken kehre ich dem Universum und seinen Kreaturen.

Ich bin der gelangweilte Typus, den die Neuzeit hervorgebracht hat, gepaart und genetisch gekreuzt mit dem Steinzeitmenschen. Oder bin ich der Steinzeitmensch, gepaart und gekreuzt mit dem gelangweilten Typus Mensch, den die Neuzeit hervorgebracht hat?

Geprägt und zugleich verunsichert durch das Modediktat und die Macht und Meinungsformung, durch die Omnipräsenz der Medien, durch Schlagzeilen und Bildwelten, der einsam die Steppen und Dörfer, die Wüsten und die Oasen der Bevölkerungszusammenrottung – Städte, die aus der Verdichtung verschiedenster menschenähnlicher Existenz-

formen entstehen – durchwandert, der gelernt hat zu überleben durch Anpassung und Wandel, durch aufrechten Gang oder vorgegebene, geduckte Demut.
Der immer einen Vorrat an Nahrungsmitteln oder Tauschwerten bei sich trägt, aber dessen Trieb zur Arterhaltung verkümmert ist durch keine Übereinkunft oder schlechte Erfahrungen mit seinem entgegengesetzten Geschlecht, der nun kein Wesen mehr zu finden vermag, welches er für Wert genug, ehrlich genug hält um diesen seinen relativen Wohlstand – oder die Taktik des Überlebens, des Überdauerns weiterzugeben ...
Der keine Möglichkeit sieht, seinen Überfluss zu teilen, mitzuteilen, abzutreten.
Denn er sah und sieht nur Neid und Missgunst, Eitelkeit und Arroganz an jenen haften, bei denen er sich nach einem zaghaften Vorfühlen, einem schüchternen Versuch einer Kontaktanbahnung, wiederum nur scheitern sieht ...
Er ist satt ihrer falschen Zungen und falschen Körperformen und verbesserter Listen, er sieht die einen selbstzufrieden, fett, träge und faul werden – während die anderen verhungern, er sieht sie alle rempeln und drängen und ...
Aber das führt zu weit.
So hat das auch der Staatsanwalt formuliert: „Herr Angeklagter, sie gehen zu weit in der Durchleuchtung des herrschenden Gesellschaftsbildes, es ist anzunehmen, das ihre Schriften und Predigten einen ungewollten Wandel nach sich ziehen, der sich in keinem Fall mit den Interessen dieses Staats deckt!“
Er sieht sie alle drängeln und stoßen und rempeln auf ihrem Weg nach oben in der Hierarchie, die mehr eine Illusion denn eine wirkliche Rangordnung ist, denn die an der Spitze der Pyramide werden nur schwer ihre Position aufgeben – und die LETZTE INSTANZ, die Spitze dieser gedachten Bauform wird immer und ewig sein, wie sie schon seit eh und je währt, sich krümmt vor Lachen über die Zumutung, die alle seine Geschöpfe vor ihm/ihr lächerlich und klein macht, oder die zürnt und wütet über die Anmaßung des Gekriechs, die Erde beben läßt, Seuchen erfindet oder Sturmfluten schickt, die Hand über seine Auserwählten hält und ab und an mit einem Wunder aufwartet.
Er/sie sieht, wie der Mensch Wald, Felder und Wiesen brandrodet, um in Überfülle Korn zu erwirtschaften, sieht ihn Tiere Dahinschlachten ohne Relation zu einer ausreichenden Menge an Nahrung, und andere Lebewesen bis zu ihrer vollständigen Ausrottung morden. Den herz-

losen Umgang mit denen, die am Wegrand liegengeblieben sind, in ein moderndes Tuch, am Boden gekauert, hocken und die Hand ausstrecken nach Hilfe …
Er/sie, der/die Aufstieg und Fall durch seine/ihre ewigen Augen mit verfolgt. Doch …
Sieht, das es hier, auf diesem Planeten, kaum noch Großgemeinschaften, Stämme, intakte Familien oder soziale Gefüge gibt, ist traurig und einsam, dass sie das Paradies schon so oft vor Augen hatten, aber es immer wieder verfehlten oder verdarben.
Auf Grund der bei einem Einbruch verlorengegangenen Fotomappe mit diversen persönlichen Randnotizen konnte diese kommentierende Textmontage leider nicht fortgesetzt bzw. zu einem Ende gebracht werden (...).

GESCHICHTEN VON HERRN K.

HERR K. LEBT MITTEN UNTER IHNEN

a) an jenem tag, wo herr k. in periodisch sich wiederholenden zeitabständen seine lausigen sozialen unterstützungsgelder ausbezahlt bekam, schloss er sich des öfteren mit bunt schillernden, auserlesenen charakteren aus der drogenszene zusammen und vertrieb sich seine permanente langeweile, in dem er sich dem konsum illegaler substanzen hingab. er probierte dabei so ziemlich jedes rauschmittel, welches auf dem schwarzmarkt zu haben war und erlebte stunden und tage in rausch, trance, in panik oder einer stagnation von raum und zeit. er erlebte eine veränderung seiner sinnlichen wahrnehmung und einen wandel in seiner einstellung zu seinen mitmenschen, er beobachtete von einem weit entfernten fixstern aus die kreatur mensch, wie sie bettelte, sich erniedrigte und vor dem konsumgott kroch.

in diesen momenten begann er die kreatur zu verachten und ihren raschen untergang herbeizuwünschen, doch dann entdeckte er plötzlich unter all diesen ekelhaften konformen figürchen eine besondere spielart, die seine aufmerksamkeit fesselte, welche durch eine eigenständige handlungsweise sich hervorhob, der eigenen spezies spottete oder diese verlachte, die beeinflussbarkeit der wabernden, unkritischen masse geschickt für eigene interessen benutzte, sich lebensraum schuf in dieser monotonie einer in sich zusammengesackten technischen und kulturellen entwicklung.

denn hier war er, im dritten jahrtausend, und die visionen, die ihm in seinen kinderbüchern in aussicht gestellt worden waren, hatten sich nur zu einem verschwindend geringen bruchteil erfüllt, die evolution war zu einem stillstand gelangt.

nach einer tristen und depressiven jugend auf dem lande hatte er in der großen stadt dann erste kontakte mit einer verpönten randgruppe von individuen, welche sich nur durch ein gemeinsames ziel, ein primäres verlangen zu einer gruppe zusammenfügte. und der hauptbestandteil der lebenshaltung beziehungsweise einstellung dieser interessengemeinschaft war die beschaffung und der konsum von mehr oder minder gefährlichen chemischen verbindungen, welche das zentralnervensystem stimulierten und eine veränderung in der wahrnehmung der konstituierten wirklichkeit herbeiführten. somit war diese menschengruppe, diese zusammenrottung, die vereinigung, diese minderheit auch dorn und gefahr im auge der gesellschaft, da diese menschen das bestehende system anzweifelten, missachteten

oder nicht anerkannten, es nicht als absolut betrachteten und dessen peinliche lügen verlachten.
vielmehr versuchten sie dieses system zu unterwandern und zu ihren gunsten auszunutzen, man nahm sie ohnedies nicht für voll. als kaum erachtenswert oder krank waren sie vom volk missmutig und voll misstrauen beobachtet, als unerwünscht beiseite geschoben und abgetan. also bedienten sie sich am überfluss, nahmen verachtung und bestrafung in kauf, nahmen aus den vollen und übervollen regalen und tauschten diese güter erst gegen geld, um dieses dann in die begehrte droge umzusetzten. jahrelang blieb k. dieser randgruppe gegenüber zwar aufgeschlossen, aber auch genügend distanziert, um sich nicht auf den kreislauf der abhängigkeit einzulassen, doch eines tages packte auch ihn die faszination eines ständigen rauschzustandes, welcher alle probleme vergessen ließ und wie ein markenzeichen ihn vom durchschnitt abhob. letztendlich kam der tag, an dem er bereits so sehr verfangen und hoch dosiert war, dass er sich zum ersten mal mit dem übel von entzugserscheinungen konfrontiert sah, er lebte auf der straße, heruntergekommen und vergammelt, immer nur den nächsten druck, das erneute hochgefühl vor augen. er schlief nur wenig, achtete kaum auf äußerlichkeiten und konventionen, kostete vorher nie gefühlte kleptomanische tendenzen bis zum exzess aus, begann, sein überleben im dunstkreis der sucht zu organisieren.
letztendlich war es eines seiner talente, welches ihm auch anerkennung in der bürgerlichen bevölkerungsschicht einbrachte, er lehrte diese auch, seine eigenheit zu aktzeptieren, seine tendenz zur sucht anzuerkennen, diese zu tolerieren und ihn deswegen nicht auszuschließen sondern daran zu reflektieren und zu lernen. er stellte klar, wenn man ihm anerkennung und einen gewissen lebensstil, verschiedene grundbedürfnisse, versagte, würde die spannung nur noch unerträglicher werden und schrott und unrat gegen ein menschenleben eingetauscht. es wurde ein weg der übereinkunft, der diplomatie, gegenseitiger achtung gefunden, mit welchem beide seiten zufrieden sein konnten.
er willigte in eine ambulante therapie ein.

DIE WEITE WELT DER GEFÜHLE

herr k. ist zufrieden und erfreut über den umstand, dass er am nachmittag tinte für sein schreibgerät, eine feder, erworben hat und nun in zügig geschriebenen worten und sätzen seinem fallweise geführten tagebuch unausgesprochene gefühle, erdrückende existenzielle last anvertrauen kann.
nach mitternacht schreibt er nieder, dass seine ungewissen gefühle sich in unkontrollierbaren, heftigen aufwallungen in konzentrischen kreisen in die unendlichkeit ausbreiten, um dann wieder ganz nahe am zentrum, der stecknadelkopfgroßen pupille, zu verharren.
den fluss der tinte verfolgend, ist er sowohl von der macht der erlebnisse, der dimension fasziniert, als auch von ihrer kleinlichkeit und kleinmut enttäuscht.
eine zeit lang, so entdeckt er im durchgehen seiner aufzeichnungen, hatte er mit der versuchung zu kämpfen gehabt, wiederum zu erstarren und zu erfrieren, seine neue liebe zu begraben, als unerwidert und unbedeutend aufzugeben, ein resignierender wunsch nach flucht machte sich breit, nachdem er sich durch die leichtsinnigkeit und oberflächlichkeit seiner geliebten verletzt und hintergangen gefühlt hatte. die hubschrauber – deren imposanten aufwühlenden gesang von rotoren und motoren – die er im himmelsgewölbe seines bauches gespürt hatte, welche fröhlich und tiefzufrieden ihre satten runden flogen, waren durch die dadurch heraufbeschworenen atmosphärischen störungen ins trudeln geraten, sie hatten den kontakt zum kontrollturm, seiner persönlichkeit, verloren, flache, grelle blaue blitze und wütender donner verunsicherten deren piloten, regengüsse trübten deren koordinationsfähigkeit, tränen netzten die augen von herrn k., hoffnungslosigkeit und orientierungslosigkeit waren allgegenwärtig und stellten eine böse bedrohung, eine anzuzweifelnde wiederkehr zur basis dar.
herr k. notiert letztendlich noch folgendes: *„die besänftigenden worte, die beruhigenden lügen finden kein gehör, der himmel ist düster und die zukunft ist unklar, wie sie es immer zuvor schon gewesen ist …"*
er schreibt diesen satz in einer fahrigen, unsicher zittrigen schrift.

WARUM SELTEN EINER ZUHÖRT

es läutet. herr k. geht an die tür und öffnet, sichtet den besucher und gewährt ihm einlass. der eintretende mensch ist mager, ja sogar schlecht ernährt, trägt eine passable kombination aus geschenkter kleidung, artikuliert sich ungeschickt und fahrig. sein gesicht ein spiegel tiefsitzender, ohnmächtiger verzweiflung.
es ist ein alter bekannter von herrn k., der kolporteur wanner, welcher sich vor geraumer zeit dazu entschlossen hatte, die spärlichen staatlichen unterstützungen mit dem vertrieb von straßenzeitungen und magazinen von interessensgemeinschaften aufzubessern.
seither hinkt dieser, wanner, der kolporteur, durch die stadt, in der vagen hoffnung, die gäste verschiedenster lokale und kaffeehäuser zum kauf dieser periodisch erscheinenden printmedien zu bewegen, überreden zu können.
wanner setzt sich schwer auf den ihm angebotenen stuhl, dann schlägt er die hände vor sein gesicht und kippt vorneüber und übt sich durch die nächsten minuten in einem bedeutungsschweren, unheil verkündenden schweigen, welches abrupt in ein heftiges, hernn k. bewegendes schluchzen übergeht.
herr k. zündet sich eine zigarette an und wartet höflich ab, bis sich die heftige gefühlsregung legt, wanner die sprache wiederfindet und dann, durch ein ab und an heftiges, durch wiedergekäuten schmerz herbeigeführtes aufstöhnen unterbrochen, sein leid schleppend und schwerfällig, lamentierend berichtet.
alsdann ergeht sich wanner in der beschreibung seiner begegnung mit einem, seinem möglichen publikum, der qual, abgestempelt zu sein als bittsteller, als stück fremdkörper in einer homogen in sich geschlossenen gesellschaft der in gruppen und grüppchen auftretenden konsumenten einer konstruierten, konstituierten gemeinsamkeit, wobei er sich unter der gürtellinie getroffen fühlt von der kalt abweisenden haltung, dem nichtwillen einer wahrnehmung auch anderer wesen, menschen im anstehenden gespräch.
welche ihn, der mehrere anliegen und ansinnen vertritt, der um sein überleben oder ein kleines bisschen sicherheit kämpft, verabscheut, übersieht, ignoriert, währende diese wabernde masse, eine geschlossene klasse, ihre scheinbar vorhandene überlegenheit und macht demonstriert, dass ihr dieser kampf fremd, ja unbekannt ist.
welche sich lachend labt an speis und trank und den geforderten preis

in der gehobenen atmosphäre auch bezahlen kann, während er hungernd und dürstend sich abmüht, sich anschickt, seinen teil von einer, wenn überhaupt vorhandenen sozialen verantwortung zu tragen. kaum jemand gönnt ihm, sein eigenes süppchen am eigenen herd zu kochen. die wenigen, jene menschen, welche sich als ausnahme abzeichnen und sich somit gewissermaßen auch auszeichnen, individualisten, christen, humanisten oder auch intellektuelle, die auch dem mitmenschen ein gutes und zufriedenes, selbstbestimmtes leben gönnen und seine armut und plackerei nicht als zerrspiegelbild ihres wohlstandes sehen, sich grinsend händereibend daran freuen und befriedigen, sein tagwerk als das seine respektieren, sind spärliche ausnahmen in dieser auffallend eingeschworenen, unüberschaubaren menge. ja, es gibt wenige, sagt er, die ihn nicht mit unfreundlichen, verletzenden worten weiterschicken.
nach dem wanner all diese begebenheiten ausgeführt hat, verfällt er in ein definitives schweigen. herr k. zieht daraus die schlussfolgerung, dass wanner zu einem ende seiner erzählung gekommen ist und bietet dem gast eine flasche bier an, welche dieser freudig überrascht annimmt.
dann räuspert sich herr k., hebt seine stimme an und erzählt dem zutiefst enttäuschten mitmenschen, er, k., kenne in seinem freundeskreis einen dichter, grimmig, roh, bärtig, einen einzelgänger, der sich vor einigen jahren dazu bewogen, selbstverfasste texte zu kopieren und diese werke gegen einen unkostenbeitrag unter das volk zu bringen. einigen der stadtbewohner gefiel die idee recht gut, kam gelegen, bereicherte das kulturelle, aber auch das alltägliche leben. des dichters elaborate hatten charakter und tiefe, und somit unterstütztеten so manche menschen den schriftsteller, ermutigten ihn zum weitermachen, sich nicht unterkriegen zu lassen
trotz der erfahrenen zuneigung, einer respektierenden anerkennung und wohlwollender, oft dem strebenden unverhofft zufliegender, großzügiger unterstützung, hatte der umtriebige geist einige schwierigkeiten mit der art, dieser mischung aus mangelndem feingefühl und diversen unnötigen anfeindungen, der dummheit mancher antworten und aussagen oder aber auch mit der unfähigkeit jener personen, die sich nicht durch ein ganz einfaches „nein“ abzugrenzen oder auszuschließen verstanden.
doch viel schlimmer hatte der dichter mit seiner eigenen existenz zu tun, stellte missmutig fest, dass seine liebe auch nur sterblich war, ein opfer seiner schlaflosigkeit, seiner unbezähmbaren triebe und des morphiums.

dem schriftsteller gingen diese anfeindungen nicht immer ganz so nahe, er hatte eine gewisse übung im umgang mit mitmenschen, hielt sich zurück oder behauptete beredt seinen platz oder seinen freiraum, den er zum atmen, zum leben brauchte, er glaubte, all die unflätigkeiten und ärgernisse wegstecken zu können, da er nicht auf masse und umsatz angewiesen war.
doch auch er, der poet, welchem man im allgemeinen ein intensives erleben der gefühle, seiner umgebung, nachsagt, unterlag eines tages dem gewicht der letztendlich selbst auferlegten verantwortung, der funktion, der rolle eines öffentlichen bewusstseinbildners, die nerven zerrissen und er schnappte vollkommen über.
er hatte tagelang wenig nahrung und viele stimulanzen zu sich genommen, keine minute geschlafen und ganz einfach zuviel über die situation nachgedacht. in folge kettete er sich an einen quader aus beton und versuchte, diesen in den fluß zu stoßen um dort mit diesem unterzugehen, endgültig zu versinken. er schwitzte wasser und blut, konnte jedoch sein vorhaben nicht zu ende bringen.. publikum hatte er genug. er war gesehen worden und die nachricht hatte sich schnell wie ein steppenfeuer verbreitet. nun scharte sich schau- und sensationslustiges volk rund um ihn. man wischte verständnissvoll den schweiß von seiner stirn, gab ihm speis und trank. der beifall, bedeutungsvoll, viel mehr, als ihm der vortrag seiner dichtung je eingebracht hatte, und mehr, als ihm lieb war, ihm gezollt, ihm zugedacht, war weithin vernehmbar.
all diese aufmerksamkeit, die ovationen waren ihm gewidmet, ihm, der sein elend ertränken, die pein einer unlebbaren liebe, sein leben beenden wollte.
die klatschpresse befragte ihn besorgt, die regenbogenpresse rühmte seine verzweifelte tat auf so mancher titelseite. er jedoch verkroch sich tief in sein heim und war seit langem nicht mehr gesehen. er fühlte sich elender als je in seinem leben zuvor.
nach diesem bericht, diesem gleichnis, verlässt wanner abrupt und verärgert die wohnung des herrn k., welcher sich einmal mehr freut, nur eine marionette aus papier zu sein, deren meister die fäden zieht.

TRAURIGE NACHRICHT AUS EINER TRISTEN WELT

an herrn k. wird herangetragen, von einer quelle, die er im allgemeinen und auch im speziellen für glaubwürdig hält, dass – es kann allerdings auch ein bloßes, aufgebauschtes gerücht sein – ein typ mit dem rufnamen *ratten peter* zwei nicht näher genannten fünfzehnjährigen mädchen anstatt den von diesen geforderten morphiumderivaten denselben waschpulver verkaufte.

da die beiden gören sich keine besonderen gedanken bei der zubereitung der substanz gemacht haben dürften und dasselbe injizierten, starben sie an den körperlichen folgeerscheinungen.

eine spezialeingreiftruppe der polizei nahm ihn unter diesem schwerwiegenden verdacht fest.

die person, welche diese begebenheit erzählt, ist ungehalten und erzürnt über diese besondere blüte der verantwortungslosigkeit. auch in herrn k. steigt im selben moment zorn hoch, heftig tituliert er diesen sachbestand mit dem begriff *frechheit*

leichtfertig herbeigeführte, absolut sinnlose todesfälle. umso mehr erfreut herrn k. der umstand, zu hören, dass der übeltäter von der polizei ausgeforscht, verhaftet und in das untersuchungsgefängnis überstellt wurde. hoffentlich, so der erzähler der neuigkeiten, wird er von einem gestrengen richter zu einer langen haftstrafe verurteilt.

ein paar tage später allerdings, als herr k. über die erfahrene begebenheit und deren folgen nachdenkt, im kontext mit seiner eigenen suchtproblematik vergleiche und rückfragen anstellt, streift ihn wiederum hart die erkenntnis, wie gefangen der mensch in diesem fluch ist.

er gelangt zu dem persönlichen absurden schluss beziehungsweise zu dem urteil, dass der täter den opfern wahrscheinlich lange jahre der abhängigkeit und der damit verbundenen begleitproblematiken erspart hat. es ist eine grausame welt.

in komplette verwirrung gestürzt, gelingt es ihm zunächst nicht, sich ein für ihn gerade noch erträgliches weltbild zusammenzureimen.

HERR K. WINDET SICH WIE EIN WURM

herr k. liegt auf seinem lager und denkt: ich bin herr k. mit der gefühlsintensität einer mikrobe, wie einer dieser belanglosen, unbedeutenden einzeller starre ich an die zimmerdecke.
du liegst nur wenige meter von mir entfernt, nicht einmal durch eine wand getrennt, bei einem anderen mann. ich höre deinen flachen atem, die geräusche, die du von dir gibst und bin fast schon dafür dankbar, dass du zwar nicht greifbar, berührbar, aber doch in der nähe bist.
diesmal habe ich es geschafft, über mich hinauszugehen, nicht den beleidigten, den eingeschnappten zu spielen, zwar meinem schmerz luft gemacht, doch nicht sofort wieder grenzen gezogen und mauern um mich gebaut, das für dich schlagende herz nicht unterdrückt.
wie wichtig musst du für mich sein, dass es mir gelungen ist, mich dir nicht zu verweigern, den aus frustration geborenen abstand zu überwinden, dass ich die so lange herbeigesehnte berührung zulassen konnte, diesen einen, kurzen, zärtlichen kuss, den ich auf deine lippen drückte. jetzt will ich schlafen.

ERGÄNZUNGEN

fs.) herr k. wird an einem ganz gewöhnlichen wochentag mit dem umstand konfrontiert, dass es die welt, die wir alle kennen, gibt. er wird, versehen mit einigen wenigen eckdaten, ganz unverschämt von einer tageszeitung, deren niveau er später noch zu schätzen lernt, in sein leben gehievt.

die an jenem schicksalsträchtigen tag von (eben)diesem blatt publizierte spalte auf seite sechsunddreißig können wir gleichsam als seine geburtsurkunde erkennen und werten …

(wir sehen also: herr k. ist ein konstrukt!)

fs.) herr k. ist wieder glücklich, seit er den befund hat. er ist für die raubbauende lebensweise, die er führt, noch ziemlich gesund, gesünder als manche, die sich der enthaltsamkeit verschrieben haben. die psyche, die ihm innewohnt, ist auch relativ gesund (selbst die neigungen sind verständliche, instinktive reaktionen), sagt der psychologe, nur ungesund in anbetracht der eingeengten betrachtungsweisen anderer psychen, die ihn in seiner eigenart nicht verstehen wollen, der kollektiven psyche, die andere prägungen aufweist, andere verhaltensmuster erwartet, einen anderen begriff der normalität kennt.

fs.) herr k. entzieht sich wieder einmal, um peinlichen fragen vorzubeugen. er hinterlässt dort, wo er gerade eben noch war und ungedanken an lange verstorbene und schon als götter gefeierte schriftstellerkollegen hegte, als nichtexistentes monument sozusagen, ein loch in der landschaft.

fs.) kaum gelingt es herrn k., sich den klauen der sucht zu entwinden, überfällt ihn eine vielzahl von wünschen und bedürfnissen, die bislang unerfüllt blieben. er wünscht sich eine von erotik und lust erfüllte nacht mit seiner allerengsten freundin, die ihm bis jetzt fast alle körperlichkeit verwehrt hat, ihm aber dadurch auch eine neue art des umgangs mit dem weiblichen geschlecht gezeigt, sein konsumverhalten gelenkt hat in ströme von kreativität, ausdruck und mitteilungsdrang …

philosyphia: sie jobbt im theater, entwirft tolle gewänder und zweimal in der woche betreut sie die bar im kino. eine menge verehrer stehen aufgereiht an dieser theke und glotzen sie an wie ein weltwunder. sie wirkt auf diese typen wie eine unerreichbare göttin. ihre schönheit macht sie zum tabu, sie lässt sie reihenweise erstarren und die schwänze einziehen, kein prinz will sein schwert ziehen und sie erobern. sie steht sich damit selbst im weg und schläft jede nacht alleine in ihrem bett, ihr name ist (siehe oben) … wer ihr unverholen anerkennung und verehrung zeigt, wird ihre gunst genießen, in ihr paradies aufgenommen werden und unter ihrem freundlichen, hellen antlitz wünsche, die er sich nie auszusprechen getraute, erfüllt bekommen. sie ist reif, anmutig, weltoffen, ohne viel schnörksel und vorurteile, gutgläubig, ihre enttäuschungen hat sie eingestanden und überwunden, in ihr siegt der glaube an das gute, das edelmütige und schöne.

fs.) es gab einen punkt in leonid k.s leben, da wurde dieses im trägen, morbiden, depressiven und grauen wien so unerträglich, dass er es nicht länger als einen tag ertragen konnte, in dieser stadt zu sein … wenn er am westbahnhof ankam, strömte ein unangenehmes, erdrückendes gefühl in seinen bauch, welches sich erst wieder löste, wenn der zug zu einer unbestimmten destination abfuhr. der weg vom westbahnhof bis zu seinem stammlokal am gürtel war lange und beschwerlich, die begrüßung kalt und befremdend, die gespräche lau, oberflächlich, unbedeutend. leonid k. musste sich eingestehen, dass er den bezug zu dieser stadt verloren hatte.

fs.) herr k. windet sich im angesicht der überwältigend erscheinenden tendenzen zur sucht, zur flucht vor oft unsinnig zwischen die menschenkinder gestreuten konflikten, der möglichkeit …

KRANKHEIT ALS AUSWEG?

herr k. trägt manchesmal noch den ziselierten, fein gearbeiteten silberring, den sie ihm einst geschenkt hatte, am kleinen finger seiner linken hand.
er tut dies, da die damit verbundene erinnerung an sie eine art zufriedenheit, ein wohliges gefühl in seinen gedanken, in seinem körper hochsteigen lässt, er trägt ihn, da die wenigen wochen, die ihre beziehung gedauert hatte, erfüllt war von körperlichkeit, übereinstimmung und einer liebe, die manchmal so stark durch das sonst so schnöde leben brach, dass sich telepathische fühler ausbildeten, die er bei einer kontaktaufnahme zu ihr quer durch die ganze stadt ausstrecken konnte.
er trägt den ring im gedenken daran, dass sich ihre wege alsbald trennten, ihre sucht nach dem kokain oder der substanz, welche dunkle gestalten in den straßen der stadt als solches verkauften, stärker war als der drang, der wunsch nach geborgenheit und zweisamkeit, er begreift dadurch, dass es sie wiederum auf die straße und den autostrich, in ihr gewohntes leben, zurück zog, wo sie sich dem schnellen, unsteten leben und dem verfall aussetzte.
es hielt sie nirgendwo lange.
als sie sich bewusst wurde, ihr nahegebracht wurde, dass sie mit dem hiv-virus infiziert war, begann sie eine zeit lang, leiser zu treten, ruhiger zu leben. sie suchte beratungsstellen auf und bekam über eine solche eine zeit lang ein zimmer, eine kleine wohnung zur verfügung gestellt.
drei monate später hatte k. irgendwie erfahren, wo sie sich aufhielt, und wollte sie besuchen, stand vor geschlossener türe und bekam von einem therapieplatzbewohner die auskunft, sie sei längst wieder fort, neuer aufenthalt, neue adresse, ihm nicht bekannt.
dann hörte er eine zeitlang nur gerüchte. nichts konkretes, fand keinen anhaltspunkt und hatte es leid, tage- und nächtelang den straßenstrich, wo er sie vermutete, abzuklappern, bis er sie fand, sehnsucht und vorwürfe in seinen augen.
nach weiteren wochen erreichte ihn ein brief, der durch das einfühlungsvermögen des briefzustellers in das richtige postfach gelangte.
sie schrieb, dass sie schwer erkrankt im allgemeinen städtischen krankenhaus liege, auf einer bestimmten station, und dass ein besuch von ihm ihr guttun würde, ihrer genesung förderlich wäre.
herr k. überlegte und wartete ein paar tage, sammelte ein paar kleinigkeiten zusammen, einige kleinode, die er als geschenke bringen wollte,

arbeitete ein wenig länger als sonst, um etwas geld für die rechnung im krankenhauscafe zur hand zur haben, ehe er die abteilung aufzusuchen wagte, die sie ihm beschrieben.
es war ein gebäude im südlichen teil des krankenhauskomplexes, älteres baujahr, düster und baufällig. im inneren aber funktionell und modern, aber langeweilig und mit einem anflug von steriler unpersönlichkeit.
auf der suche nach ihrem krankenzimmer begegnete herr k. sodann zu seinem schrecken gleich zwei bekannten, von denen er nie auch nur im geringsten angenommen hätte, dass diese, seine mitmenschen, auch von dem langsam dahinraffenden virus befallen seien.
herr k. klopfte an die zimmertür, es wurde nachgefragt, wer einlass begehre, es folgte ein ausruf des erstaunens und der freude.
er schloss sie in die arme, doch er erkannte sie kaum noch als diese lebensfrohe, energiegeladene, selbsichere frau, die er begehrt und geliebt.
ihr körper war aufgedunsen, sie hatte enorm an gewicht zugelegt, war sich dessen bewusst und darob verunsichert, einigermaßen nervös. doch die gute zeit, die sie miteinander geteilt, verbracht hatten und das kleine, von der großen liebe noch verbliebene stück reichten aus, dass sie sich erst auf den gang begaben, plauderten, eine zigarette rauchten, sie sich seiner mitbringsel erfreute und die beiden dann einen gemeinsamen spaziergang durch das krankenhausgelände wagten. sie erzählte von ihren gesundheitlichen problemen, erzählte dies und das, und herr k. war ein guter, geübter zuhörer, ließ sie erzählen, sich ausbreiten, hielt nur ruhig ihre hand.
sie hoffte, so gab sie kund, dass sie in einer woche entlassen werden würde, und bat ihn, dass sie für eine weile zu ihm ziehen dürfe.
herr k. sagte zu, er würde ihr diesen freundschaftlichen dienst erweisen, er freute sich sogar insgeheim über ihre bitte und auf ihre gesellschaft. vielleicht gab es auch irgendeinen weg, ihre tage der gemeinsamkeit und inniger zuneigung fortzusetzen.
eine woche verging. der tag ihrer entlassung, die stunde war da.
die stunde verging, der tag verging. wochen vergingen. dann erreichte herrn k. ein brief aus dem gefangenenhaus. ihre schrift, aufgeklebte herzen. worte der verzweiflung und der traurigkeit. es kamen weitere briefe. träume, sehnsüchte, bitten. ein sehr intensiv geschriebener brief, mit einer blonden haarsträhne, beigelegt. herr k. roch daran. ihr haar. (...)
er schrieb nie zurück. er wusste, es war gut so.
von einem mädchen, welches mit ihr die gefängniszelle geteilt hatte, erfuhr er, dass sie durch den ganzen kommenden sommer hindurch und

noch mehr ihre haft, für mehrere straftaten ausgesprochen, zu verbüßen hatte. er fragte sich, wieso sie so lange hinter den gittern, in grauen häusern, zu verbleiben hatte. eine antwort konnte er nur ahnen.
er dachte an machen tagen, in so mancher stunde, an sie. dabei glitt ein lächeln auf sein gesicht. er drehte dann versonnen und verspielt an dem silbernen ring, am kleinen finger seiner linken hand. (dort, wo er exakt passte).